OWN

货币常识

历史与逻辑

COMMON SENSE OF CURRENCIES

HISTORY AND LOGIC

李义奇 著

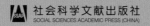

社会科学文献出版社
SOCIAL SCIENCES ACADEMIC PRESS (CHINA)

序 一
把常识说清楚，绝非易事

义奇平时好读书、善思考、勤动笔，在我众多弟子中可谓"特立独行"。不久前给我一份他琢磨沉淀十余年的新作，名曰"货币常识"，让我闲时翻翻，并希望将来付梓时能在前面说上一些话。

单说这题目，乍看起来风轻云淡，殊不知，学问人或者研究者通常视"常识"为畏途。何也？不妨借用美国经济学家保罗·萨缪尔森的一句颇有些讥讽意味的话，他说："我们最优秀的学生可谓是无所不知，但就是对常识一无所知。"还有说得更尖刻难听的，比如美国学者罗伯特·库特纳直言："经济系培养了一代白痴专家，他们擅长深奥的数学，却对现实经济生活一窍不通。"无论如何，把常识说清楚，绝非易事。据宋人惠洪《冷斋夜话》以及曾慥《类说》载，唐代大诗人白居易作诗直让市井老妪能听得懂方才罢休，可谓给出了诗歌创作的另类标尺。不管这段记载是真是假，仅就我本人作为一名旧诗爱好者兼创作者而言，则是实实在在地体悟到堆砌辞藻易而信手拈来难的感受。放眼当下，在经济学圈子里，能把问题说复杂说高深者众，而将问题说简单说通俗者寡。可见，涉足"常识"是需要一些底气和胆识的。而在诸多领域的常识中，以货币常识最难拿捏和厘清。如果说在这个世界上最让人爱恨交加，也是人们日常接触最多最熟悉，但又最不了解的"物件"，当非货币莫属了。因此，尝试解读货币常识就非得有些"明知山有虎，偏向虎山行"的倔劲儿不可。

当然，要将货币问题当作常识说清楚，光靠勇气和倔劲儿还远远不够。大致地说，另须具备两个相当硬核的条件，一个是深厚的历史、文学素养，另一个是对货币金融运行现实的观察与体悟。义奇正好具备了这两个门槛不算低的苛刻条件。环顾当下货币金融学术界，同时具备上述条件者虽不能说是凤毛麟角，也应属"小众"群体。君不见，不少货币金融理论研究的"从业者"狼奔豕突般出入各种论坛会议，面对现实货币金融问题滔滔然"口若悬河"，动辄对货币政策与金融改革利弊"指点江山"，但细究起来，其中不乏信口说来、"随行就市"，甚至人云亦云、以讹传讹者。或许不少所谓"同行"到此一游并非为了"表白"理论发现、启迪芸芸听众，而是为了博得现场几阵廉价的掌声以及刷存在感以便赚取些许线上点击流量而已。若在会间茶歇空当有"好事者"或者不识趣者追问几句多少带有历史角度和常识性的问题，想必不少人的招牌应对方式是：顾左右而言他。对于此类学术界的"游方郎中"，常识既是"杀威棒"也是镇静剂。

说常识的目的是就一些"看似寻常最奇崛"的现象与问题为普罗大众释疑解惑，为达此目的，需要走出繁文缛节的传统推演套路，在正襟危坐的理论诠释边缘另辟蹊径，无须兜学术圈子而直达问题根苗，因此容不得半点闪烁其词或者模棱两可。对照于此，让我感到欣慰的是，此书的大部分内容能够循此路径。通观整篇书稿，可以体悟到作者通释有关货币问题之里里外外、方方面面的热望，其中不乏独特的视角、出彩的段落和精准的判断，展现出作者长期秉持的沉稳柔韧而不失简洁明快的行文风格，不少片段值得读者反复品读与思索。

我与义奇亦师亦友，平常他乐于就一些问题与我交流，内容涉猎极广，近如作为"养家糊口"本行的货币金融，远如历史、哲学等"业余爱好"。几年前，他"纠集"门下若干"好事者"在北京金融街某处闹中取静的地方"设坛论道"。一开始小心翼翼询问我的态度，未料我不假思索地表示支持，不仅如此，还身体力行地参与其中。有几次高兴甚至冲动起来，一股脑将自己的读书心得连续"喷吐"了好几个回合，方意犹未尽依依不舍地慵懒收场。大家都先后离开学校有年，想不到会以这样的方式让我延续"传道授业解惑"的事业，乐陶陶实乃人生之一大快事也，心灵之慰藉实非言语所能表达矣。其实，义奇书稿中的一些货币常识已经在金融街沙龙断断续续的讨论中有所涉及，可以说他对我的一些看法已了然于胸。不过，看过书稿之后，难免"节外生枝"般冒出一些新的想法，不妨借此机会一吐为快。需要"有言在先"的是，下面的文字或许会偏离"常识"而有过于学术化之嫌。

第一是货币起源问题。此问题在国内外学术界争论多年，观点纷呈，见仁见智，莫衷一是。其中最为困难同时也最易被忽视者，当为中国先秦的刀布环贝货币体系如何形成？可以说，这是完整阐释货币起源问题无论如何也绕不过去的"中国坎儿"。对此问题的完整准确解释，恐怕离不开对货币职能这个人们耳熟能详甚至司空见惯"概念"的重新审视。货币最早的职能究竟是什么？这绝非一个能够轻易给出明确答案的问题。人类文明初创时，"短缺经济"是常态，当时人们维持生计、繁衍血脉的最佳资源配置方式是经济资源的集中按需分配。就在此处，问题出现了：在短缺经济条件下，需要货币出面解决的最迫切的困境是什么？是媒介私人物品的交易还是短缺物资的分配？或者说，此时此刻，货币履行的是媒介交易的功能还是分配功能？循此问题的指引，基于"了解之同情"（陈寅恪语）理念，我们有望进一步探寻货币产生的"中国源头"。在此处，我们需要与人们习以为常的货币常识较劲。这个常识便是：目前市面上流行的几乎所有教科书都无一例外地确认先秦的青铜铸币（如布币刀币）源自农具或渔具。殷商、西周青铜文明发达，大量国之重器流传至今，令人惊叹。但奇怪的是，当时铸造的礼器兵器不时惊艳面世，迄今为止却罕有青铜农具的大量出土。不论是青铜布币还是青铜刀币，显然不是脱胎于农具渔具，而是另有渊源。义奇认为，"春秋时期的布币在大小、厚薄及形状等方面没有标准"，若对照出土实物，确属实情。但进一步的问题是，何以没有标准？春秋战国以降，"礼崩乐坏"，各国"自行其是"成为大势，由此，分别铸造货币成为常态，但并非没有章法可循。从刀布环贝的体系看，大致中原各国特别是姬姓诸国遵循布币体系，而其余货币形制则环绕其外（如东、北之齐刀燕刀，西方秦国之环币，南方楚国之蚁鼻贝币等）。由此回溯，西周分封初期货币体系所贯彻之礼制精神似乎有迹可循，只不过后人懂文化制度者不熟悉经济货币之学，熟稔金融货币之学者不懂历史文化制度。正因如此，中国货币形制之谜延宕千年而无人能识。话说回来，地球演变数十亿年间，抑或人类文明演进万余年间，如今我们自以为可以解释的谜题，其实不过亿万分之一尔尔也。面对纷繁复杂的大千世界，人类的研究探索永远如孩提般懵懂无知。

第二是宋代纸币问题。在货币史学界，此问题似乎早有定论。但若稍微离开货币史领域远观，则不少问题需要重新审视。比如，若要准确评判以交子为代表的中国早期纸币格局与逻辑，须着眼于宋代的社会性质与近世特征。由此角度看过去，学术界对于宋代是大大疏忽了，乃至于造成不少误读与误解。可以说，不理解宋代的历史角色与制度性质，便几乎无法讨论宋代的一切，包括纸币。义奇慨叹："从货币思想史上来看，古代中国很早就认识到纸币发行部分准备的现实，并能从理论上予以阐释，实在是令人惊叹不已。六七百年后，西方最早发行的可兑现纸币，一般还都是十足的金属准备。"若从宋代的近世特征出发，当时人们认识到纸币发行的部分准备则是十分顺其自然的事情，因为宋代已经具备了现代市场经济的几乎一切条件，只不过我们尚未以"了解之同情"的态度去认识它们罢了。仅从这种意义上讲，人们似乎普遍低估了宋代的发展水平，从而极有可能误读了宋代的货币经济与货币制度。此外有必要顺便提及，中国纸币的较早出现似乎产生了一个十分意外但又极为严重的副作用，那就是阻滞了银行信用之于货币制度演进的推动作用。宋代交子的实质是铜本位，是铜本位的变形与伸展，但它在先后缓解民间支付难题和王朝财政燃眉之急的同时，也在很大程度上侵夺或者占用了银行信用以及银行货币的内生演进通道。唐宋以降，经济规模迅速扩大，经济交易频率陡然加快，延续千年的铜本位货币制度不堪重负，致使钱荒或者通货紧缩现象如影相随。在此紧要关头，纸币在客观上担当了缓解钱荒的角色，进而开创了此后数个世纪货币制度演进的"中国路径"（其中包括对银行制度的"挤出"）。相比之下，西欧伴随经济发展也曾出现过严重银荒，后因美洲金银的发现而有所缓解，但效果极为短暂，因为大量金银在欧洲作短暂停留后便跟随贸易逆差流向亚洲特别是中国。不过，"塞翁失马，焉知非福"，美洲金银东去之浪潮阴差阳错般倒逼欧洲建立了基于银行制度的货币创造机制，并由此永久性地解决了银荒问题。

第三是货币权利问题。长期以来，人们对货币结构存有误解，其中最大的误解是将现金（通货）与其他货币层次不当归类、等量齐观。其实，真正（原始）的货币是一种权利，亦即选择其他资产（实物资产与金融资产）的权利。从这种意义上讲，将现金与存款货币模糊处理是不恰当的。简言之，现金是选择权（甚或所有权）凭证（尽管教科书中称央行发行的货币也是债务凭证，中国人邱濬早在明代就认识到了这一点，但此债务凭证有些特殊，即具有不可赎回性或者永续性），而存款是债权（借贷）凭证。由此方可理解，何以一旦出现经济金融危机，人们都会在第一时间想着把一些金融资产换作现金（兑现），再严重些，则会进一步将现金折实（换成消费品）。说得抽象一些，外生货币（现金）与内生货币（存款货币）各有渊源，不能混为一谈。同时，也不能因为中央银行制度成立之后这两种货币完成汇流就忽略两种货币的本质区别。无论如何，前者创造的是基础货币（选择权本身），而后者创造的是选择对象（存款货币或者其他金融资产）。存款货币说白了就是一种金融资产，而现金则是一种初始的具有完全流动性的金融权利。铸币权的实质其实是货币所拥有的那部分选择权或者所有权，谁掌控了这种权力就意味着拥有了货币所代表的资源占有权、商品购买权与财产选择权。这种选择权对于政府而言当然会顺理成章地用于财政需要，权力用得不好（比如过分追求赤字货币化）还会酿成祸端（通货膨胀乃至信任危机）。进一步地，银行何以害怕挤兑？根源在于货币所体现的选择权与债权的不一致。债权通过银行体系不断派生，选择权却无法跟随增加。久而久之，货币体系两大部分之间的距离随着信用（授信）膨胀而越拉越大，极端表现则是银行挤兑与金融危机。我们通常所说的中央银行运用货币政策对宏观经济进行调控，说白了就是调适货币所包含的两种权利之间的距离，不至于被各方的扩张冲动越拉越大甚至绷断。当然，在一些特殊时期（如危机）中央银行还需要创造这种权利来提供流动性，流动性归根结底就是货币的选择权（或所有权）与债权（选择对象）之间的对应程度，仅此而已。尽管随着支付技术的进步，以上两种货币之间的转换成本越来越小、转换速度越来越快，但依然无法改变现金是一种金融权利而存款货币是这种权利的选择对象或者说是一种金融资产的事实。仅从这种意义上看，今后货币制度再伟大的天才发明也击不垮现金，现金的存在永远都是悬在金融资产头上的一把"尚方宝剑"！

第四是中央银行问题。人们通常认为起初建立中央银行体系是为了集中货币发行权（后来加上操作货币政策），其实央行体系的真正妙用是在非常时期给经济金融机体输液，专业术语叫作提供流动性。当经济金融体系遭遇危机冲击时，几乎没有哪个个体或者组织对参与经济金融循环感兴趣，人们的本能反应是退出循环以求自保。比如，在此极端情况下，几乎无人会继续借债给别人或者从别人那儿借到债。我们不能指责这些人，因为他们的反应与行为是理性的。但是"理性悖论"出现了，个人理性加总的结果是集体非理性，也就是经济金融运行停摆，这个结果对谁都没有好处。此时此刻，需要有一个金融机构站出来，它必须自带造水输水机制，在经济之渠干涸的时候"天降甘霖"，以免整个经济被旱死。这个后来被称作中央银行的机构拥有一个"特异功能"或者特权，那就是在提供流水（流动性）时不受传统债权债务机制的约束，也就是自己可以独立创造债务（向社会借债）。人们一度将中央银行称为人类最伟大的发明之一（美国经济学家萨缪尔森曾说过，人类有三大发明：一是学会了管理和控制火，二是发明了轮子，三是发明了中央银行。也有文献称，这句话是一个叫作罗杰斯的美国幽默作家说的），原因大致在此。当然获得如此称赞并非过誉和浪得虚名，而是实至名归。自然地，既然给了这个机构如此特权，那必然会产生"双刃剑效应"。华人经济学家蒋硕杰曾用"五鬼搬运"比喻中央银行滥发货币的行为，可谓相当贴切。这样一个堪称"三大发明之一"的机构一旦被政府驱使，则极有可能出于财政目的过度释放流动性，乃至造成洪水泛滥，此正是中央银行保持独立性问题的由来。义奇认为："中央银行在危急时刻充当最后贷款人的奥秘在于，它的纸币发行可以突破黄金储备量的限制。"这种表达乍看起来没有错，但应该再前进一步，触及问题的根本。问题的根本在于，这是一种可以自行创造负债

（不必向债权人打招呼从而不受债权人制约）的制度。因为一旦需要债权人（现金的未来持有人）首肯，则救急机制便无法建立，因为在萧条时期，任何人与组织都会对经济金融活动特别是债权债务问题唯恐避之不及。每一个人和组织的"金融之渠"都濒临"干涸"，都在等着"黄河之水天上来"！不要忽视这种自行发行权力的极端重要性，因为这种权力是中央银行最重要的"镇行之宝"。在流动性因危机冲击而告罄的生死时刻，只有这种可以自行创造负债的机构能够救经济于水火、挽民众于倒悬！可以说，我们不能奢望中央银行制度解决经济金融运行的"好坏"问题，但可以期待其暂时解决经济陷于困境时的"生死"问题。

第五是货币理性悖论问题。记得几年前，我在一篇论文中提及蒋硕杰构建货币流量理论时所强调的货币供给"合成谬误"问题。何为货币供给的"合成谬误"？简单地说，就是货币对于个人来说多多益善，但对于大家（加总起来）来说多多为恶；或者说，对于个人有益的东西不一定对大家有益。货币供给的"合成谬误"其实揭示了货币的双重性质，即私人性与公共性。对于个人，货币是财富，而对于大众（个人的加总），货币则不一定是财富甚至是灾难。这给我们认识货币问题提供了一个全新的角度。义奇认为："对于一个人来讲，如果将货币作为最终目的，是非常危险的。因为一仆不能事二主，人们在把财富作为目的，和将自己内心世界作为目的之间，必须选择一个，也只能选择一个。"这个判断其实还可以再柔软一些，至少没必要如此绝对。《增广贤文》有云，"君子爱财，取之有道"，一个靠劳动靠本事而不是靠歪门邪道致富的人应该可以安顿自己的内心。更何况，无论何时何地，慷慨解囊、义薄云天者不乏其人。话说回来，对于任何有血有肉的个体，其追求货币的欲望不管有多强烈，哪怕将其视作人生最终目的，只要是"取之有道"，无论如何都不应受到鄙视或者指责。对于任何一个社会，安贫乐道、视金钱如粪土的谦谦君子永远都是"小众"。相比之下，芸芸众生（大众）对于货币的执着追求不仅是一个国家经济发展和社会进步的原动力，而且在很大程度上构筑着那些"小众"们得以高居象牙塔中锤炼道德文章的微观基础。大众对于货币的兴致阑珊和敬而远之对于经济运行本身非但不是福音而且是真正的灾难。不管是对有钱人的"羡慕嫉妒恨"还是对缺钱人的"鄙视斜眼瞧"，其实都与货币本身无关。不管基于何种情景与场合，货币本身都是中性的和无辜的，如同砧板上的菜刀既可切菜亦可砍人一般，根本犯不着像鲁褒、莎士比亚那样对着货币堆砌辞藻和鸣放不平。对于大众，渴望货币多多益善而不知适可而止，这无可厚非，因为货币的最适边界不会也不应在他们的视界之内与掌控之中。退一步讲，人们实在没有那个理性高度和人生境界，登上货币财富的极高处俯瞰由源自大众的货币支流汇聚而成的滚滚货币江海。个人永远生活在局部、当下，没有人能够摆脱这一点。阻止人们滑向货币洪流免遭灭顶之灾的解决之道，其实不在于大众的境界与道德防线，而在于构筑一种超乎大众个体的公共货币秩序。人类经过长期的艰苦探寻，最终的次优选择是建立外在约束机制（如中央银行制度），以便在货币微观与货币宏观之间修筑闸门。但这也不是万全之策，因为人们（包括个人、经济组织以及政府）追逐货币利益的无限欲望无时无刻不在冲撞着这个略显脆弱的闸门。有些时候，闸门守住了，暂时保得江河安澜；有些时候，闸门没有守住，大家眼睁睁地看着历经千辛万苦积累起来的货币财富，连同费尽周折建立起来的货币秩序，被随之而来的惊涛骇浪席卷而去。

不能再写了，该打住了，但忽然想起书稿字里行间不时充盈着的"不平之气"，则还想啰唆几句。唐代大文豪韩愈在《送孟东野序》中说过"不得其平则鸣"，因此作者有感而发以纾解"不平"当可理解。但此书稿不是论战檄文，而是诠释常识。既然是描述和解读常识，就需要静如止水般屏气凝神，敲击键盘如微风拂过般轻柔。千万不要愤愤不平，甚至心潮澎湃、拔剑四顾。这种情绪并非都不合理，但带着这种情绪，极易让心绪偏离客观执中，进而得出偏颇观点，最终总归得不偿失。

是为序。

张　杰

2021 年 3 月 21 日（辛丑春分后一日）于京西寓所

序 二
面对不确定的未来，常识仍是知识探索的可靠基础

　　得知《货币常识》要出书，非常高兴。书里的不少文章事先在义奇兄的朋友圈里读过，其中更有一些想法早在成文之前就在会议或聊天中听他谈过，因此翻阅书稿有如熟人见面，不时会心一笑。书名冠以"常识"，当然是自谦。由于写法朴实加上文笔晓畅，这个书名颇具"欺骗性"：读者可能会误以为内容浅显，价值只在其中琳琅满目的史料与文献，甚至以为自己想得比作者更通透，但深思之后才发现绝非如此。正如学生时代数学课上"一听都懂，一做就错"的陷阱，这种错觉，也是当前大众媒体讨论货币问题时的普遍状况。

　　货币成为大众的热门话题是日常生活"金融化"的一个侧影。在传统社会中，除非惊觉通货膨胀的苗头，通常货币功能之类的议题都只在庙堂之上，基本与平民无涉。但随着各种金融活动越来越紧密地渗入买房置业、日常消费这些人生或大或小却无可逃避的决策之中，普通人也不得不对市场

利率的差异锱铢必较，权衡各种分期付款方案的利弊，苦恼于理财产品的选择。对于那些或多或少有着"财产性收入"的"中间阶层"，"央妈"神秘莫测的态度，市场琢磨不透的情绪，连同对于财富自由的渴望和财务安全的焦虑，更是冲击着每日的神经。在这样全民"学金融，用金融"的社会氛围之下，货币自然成为关注的焦点，原来仅限于专业领域的货币研究也以各种方式降临到"民间"，成为有志者探寻财富的敲门砖。

无奈货币理论纷繁复杂，仅在基本概念上，现钞、现金、存款、M2、流动性等一堆名词的差异就足以让门外汉头昏脑涨，更不用说深究这些概念背后的机理，于是相关知识的普及成为一个巨大的市场，微博和朋友圈里的各类"简说""漫话"也应运而生。这些作品在本质上都是将正式的理论大大简化之后采用类比的方式来加以解释，从而绕开复杂概念基础的门槛。但是这种策略绝非没有成本，过度的简化很可能变成扭曲，类比更不是一种准确的推理方式，因而其目标更接近于让读者"自以为明白"而不是真正的理解。也有聪明人则干脆另辟蹊径，踢开主流理论，完全依靠直觉和生活经验来构建一套体系，难以说通之处甚至不惜依靠阴谋论来解决问题。显然，这类体系更大的功用是在心理建设而非解释现实方面。

不过可以让普罗大众聊以自慰的是，金融领域的专家常常处于"懂得许多道理，却依然过不好这一生"的窘境。如果去掉金融圈内或明或暗的各种关联，许多金融专家在市场投资上的业绩并不比外行的平均水平更为体面；在全球金融危机和新冠肺炎疫情冲击之下，平时被视作圭臬的权威货币理论显得束手无策。即使是那些以解释世界而非改造世界为目标的"纯"学者，在负利率政策泛滥和各类数字货币纷至沓来的时世，也难掩捉襟见肘的尴尬。因此反过来看，既然大众对于主流金融理论的批评乃至嘲弄不无道理，自造理论的行为也就不显得那么离经叛道。

为什么构建货币理论会如此艰难？抽象而言，系统的复杂性通常来源于两个维度：元素和结构。元素或结构的复杂自然会导致系统运行和分析的复杂，但即使是性质和结构看上去都很简单的系统，其运行结果也很可能难以预测，物理学中著名的"三体问题"就是一个典型的例子。在货币领域，我们同时面临上述两种维度上的复杂性。在人的行为方面，即使再自信，面对"你真的了解你自己吗？"这样的灵魂拷问，人们也会三缄其口。虽然新古典理论通过极致的理性人假设去除了所有行为上的不确定性，但要想在模型中获得可解的均衡动态依然面临数学上的巨大困难。因此，在可预见的未来，一个能有效解释各种现象的"大一统"货币理论不仅不可及，甚至不可望。我们只能满足于一系列针对特定货币问题的理论集合，并且期望其中的每种理论在各自的领域内能够不辱使命。遗憾的是，目前即使要做到后一点也颇为困难。这些因素决定了，至少在目前，货币与金融仍然是一个经验主导的领域。

在理论暂不可及的情况下，转向历史是一个理性的选择，这正是大萧条研究成为宏观经济学"圣杯"的原因。对于非专业人士，通过历史了解金融也是一条高效费比的途径。但这并不意味着思辨不重要。正如许多智者指出的，史料不会说话，它们需要选择和阐述。因此，要真正从历史中获得经验和教训，本书所述的"常识"必不可少。在本质上，所谓"常识"，其实是经历了时世变迁和相关的诸多思考与争论之后依然成立的观念。它们不仅是解释现实的有效工具，也是社会运行的基础。当然，世界在变化，常识也会被颠覆。但是即使面对不确定的未来，常识也仍是知识探索和变革最为可靠的基础。否则，如果忽视这些历史的宝贵遗产，我们很可能像凯恩斯所说的那样，自以为摆脱了各种偏见的束缚，实际上却成为最糟糕（但通常也最具蛊惑性）理论的奴隶。正是从这一点出发，我坚信《货币常识》是一本有用的好书，也希望义奇兄在篇章之中不时闪耀的独特思想火花，能够成为上述意义"常识"的一部分。

程　炼

2021 年 3 月 27 日

目　录

第五章　货币的未来

第六章　回到常识

引言　人生薪水寻常事，动辄烦君我亦愁

　　文学作品，是大众了解、认识社会的主要知识来源。文学作品中的货币，是大众学习、认识货币的主要知识来源。当人们在现实生活中遇到货币问题时，他们大脑中可以搜索的知识储备，应当是曾经知晓的文学作品中的一鳞半爪。如同传说中的山大王，从儿时听过的《三国演义》评书故事中找到灵感，排兵布阵。

　　人类幸运的是，总有一些人，点燃一盏盏灯，照亮前行的路。对于人生中遇到的一些重大问题，历来都有智者殚精竭虑以求解答。相对于宗教经典惯常的预言和说教，相对于哲学研究通常的解释和说明，文学作品中的表现和启示，更能将事物的真相和意义，映入社会大众心中。

　　货币，俗名钱，从古到今，都是人们躲避不开的话题。人们因货币而激扬，因货币而消沉；因货币而冲动，因货币而沮丧；因货币而趾高，因货币而俯首。货币无时不在牵动

人的神经。世界上的大文豪，凝神聚慧，深入灵魂深处，参悟货币，然后用他们的生花妙笔，向世人揭示货币真相与意义。古往今来，许多民间流传的俗语、文章大家的作品，甚至是宗教经典，都不乏对货币、对"钱"的描绘。笔者择其要者，录之以供鉴赏。

有关货币的启蒙教育。在古代儿童启蒙书《增广贤文》中，有关于"钱"的描述，"贫居闹市无人问，富在深山有远亲……有钱道真语，无钱语不真。不信但看筵中酒，杯杯先劝有钱人"，以及"八字衙门朝南开，有理无钱莫进来"。在对"钱"的认识上，先贤的良苦用心，个中滋味，令人扼腕叹息。

《钱神论》与《钱本草》。西晋有一个"好学多闻，以贫素自甘"的隐士，南阳人鲁褒，在其流传千古的好文章《钱神论》中，形象地描述道：

> 钱之为体，有乾坤之象……亲之如兄，字曰孔方。失之则贫弱，得之则富昌。无翼而飞，无足而走……钱多者处前，钱少者居后。处前者为君长，在后者为臣仆……危可使安，死可使活，贵可使贱，生可使杀。是故忿争非钱不胜，幽滞非钱不拔，怨仇非钱不解，令问非钱不发……谚曰：钱无耳，可使鬼。凡今之人，惟钱而已。故曰军无财，士不来；军无赏，士不往。仕无中人，不如归田。虽有中人，而无家兄，不异无翼而欲飞，无足而欲行。（《晋

书》卷九十四《鲁褒传》)

《晋书·鲁褒传》载："元康之后，纲纪大坏。褒伤时之贪鄙，乃隐姓名而著《钱神论》以刺之。"鲁褒写作《钱神论》的年代，正是晋惠帝司马衷，也就是那位"何不食肉糜"的皇帝在位之时。在物欲横流、奢华无度、争豪斗富的世风里，钱成了万能之神，鲁褒因"伤时之贪鄙"而作《钱神论》，随即产生广泛影响，"盖疾时者共传其文"。

无独有偶，唐代名臣洛阳人张说的《钱本草》，以钱喻药，针砭时弊，把钱的性质、用途、利弊、积散之道描写得淋漓尽致。《钱本草》曰：

> 钱味甘，大热有毒。偏能驻颜，彩泽流润，善疗饥寒困厄之患，立验。能利邦国、污贤达、畏清廉。贪婪者服之，以均平为良；如不均平，则冷热相激，令人霍乱。其药采无时，采至非理则伤神。此既流行，能役神灵，通鬼气。如积而不散，则有水火盗贼之灾生；如散而不积，则有饥寒困厄之患至。一积一散谓之道，不以为珍谓之德，取与合宜谓之义，使无非分谓之礼，博施济众谓之仁，出不失期谓之信，入不妨己谓之智，以此七术精炼方可。久而服之，令人长寿。若服之非理，则弱志伤神，切须忌之。（《全唐文》卷二百二十六）

比《钱神论》更进一步的是，《钱本草》不是单纯发泄对拜金世风的不满，而是蕴含辩证哲理。既说明了钱有利于疗饥寒、驻颜容、解困厄、利邦国，又指出钱有毒、污贤达、伤神智、令人霍乱等；道出了"道、德、义、礼、仁、信、智"的驭钱之道，提醒人们"精炼"驭钱之道，方可"长寿"，不让钱伤害自己。

还有陶宗仪《南村辍耕录》卷十三记载，元末流传的《乌宝传》，虽以纸币为对象，然钱之世俗精神，亦不落铜钱后。

在诗作方面，唐代诗人张谓在《题长安壁主人》中写道：

世人结交须黄金，黄金不多交不深。

纵令然诺暂相许，终是悠悠行路心。

千百年来，世间真相，何尝不是如此！金钱的多少成为人际交情的标准，没有金钱，口头上的暂时应诺，只能是敷衍。

唐初白话诗僧王梵志写了一首《吾富有钱时》：

吾富有钱时，妇儿看我好。

吾若脱衣裳，与吾叠袍袄。

吾出经求去，送吾即上道。

将钱入舍来，见吾满面笑。

绕吾白鸽旋，恰似鹦鹉鸟。

邂近暂时贫，看吾即貌哨。

人有七贫时，七富还相报。

图财不顾人，且看来时道。

言近旨远，发人深省，别具一种淡而有味的诗趣。

千年后，英国文艺复兴时期伟大的剧作家威廉·莎士比亚在其名著《雅典的泰门》中，借泰门之口，对金钱做出了以下经典的刻画：

> 这东西，只这一点点儿，就可以使黑的变成白的，丑的变成美的，错的变成对的，卑贱变成尊贵，老人变成少年，懦夫变成勇士……这黄色的奴隶可以使异教联盟，同宗分裂；它可以使受诅咒的人得福，使害着灰白色的癞病的人为众人所敬爱；它可以使窃贼得到高爵显位，和元老们分庭抗礼；它可以使鸡皮黄脸的寡妇重做新娘，即使她的尊容可以使身染恶疮的人见了呕吐，有了这东西也会恢复三春的娇艳。

在传世文字中，货币的形象丰富、立体。如果要找一个共同点，凡涉及钱的，在承认钱的神通之时，人们在态度上毫无例外地贬多褒少。人们对货币的这些不无偏激的认识，恰好说明了货币对于社会的重要作用。一般而言，人们对于伤害的记忆，远比对于友好的记忆深刻。在文学作品中，钱多与善良的对立面联系紧密，正好表现和启示了钱对社会、对人生的影响之大。文学作品对有钱人的评价不高，侧面也说明了读书作文之士，少有钱缘，或许有酸葡萄的心理在起作用。"文籍虽满腹，不如一囊钱"，东汉赵壹在其《刺世疾邪赋》中如是说。

"人为你跋山渡海，人为你觅虎寻豺，人为你把命倾，人为你将身卖。"既然为金钱可以牺牲身体、性命，那还有什么比金钱更为重要的呢？"人为你名亏行损，人为你断义辜恩，人为你失孝廉，人为你忘忠信。"（《〈林石逸兴〉校注》）作为这个社会中道统的传承者，或许读书人担心的是，社会伦理道德在人们对金钱的追求中，会失去往日的辉光。

古代诗文里，对钱的认识，较为客观的，应是清朝袁枚的《咏钱》诗：

> 人生薪水寻常事，动辄烦君我亦愁。
> 解用何尝非俊物，不谈未必定清流。
> 空劳姹女千回数，屡见铜山一夕休。
> 拟把婆心向天奏，九州添设富民侯。

这首诗表达了前人未有的思想。人生在世，柴米油盐，与钱打交道既是令人烦恼又是不可避免的，常需使用之钱往往不够用。"孔兄正羞涩，赵趄色氤氲。"英雄也有气短窘迫之时。所以说，对于金钱，人们大可不必讳莫如深，自命清高，关键在于使用得当。

"不谈"典故出自《世说新语·规箴》，西晋王衍是所谓的"品行高尚"的清谈人士，他口里从不提"钱"。他老婆想试探虚实，趁王衍熟睡之时，叫仆人绕着床边铺上一大圈钱。王衍早晨醒来见到床边的钱，便叫来仆人说"举却（拿开）阿堵物"。王衍曾任尚书令等要职，官至太尉。被石勒俘虏后，"唯求自全之计"，劝石勒称帝，以图苟活，却被石勒处死。这类毫无气节的人，终究不是清流雅望的君子。不谈钱者，多是作伪之人，不可不防。

"空劳姹女千回数，屡见铜山一夕休"，说明积聚钱财无用，反以自害的道理。姹女，指灵帝母后，《后汉书·志第十三·五行一》载，灵帝母永乐太后好敛财，京城有童谣云："车班班，入河间，河间姹女工数钱，以钱为室金为堂。"未久，汉祚即终。"铜山"源自《史记》卷一百二十五《佞幸列传》，汉文帝宠爱邓通，有人给邓通相面，说邓通将来会穷饿而死，汉文帝就把蜀郡严道铜山赏赐给邓通，许其自铸钱，邓氏钱满天下。景帝时，邓通家财被抄没，寄食人家，穷困而死。正所谓"金满箱，银满箱，转眼乞丐人皆谤"。

这方面中外不同。在西方，特别是市场经济逐渐成熟之后，由于产权清晰，产权保护到位，私人对财富的拥有量，在很大程度上反映了这个人的社会贡献度。按照交易的逻辑（也是市场的逻辑），个人拥有财富越多，说明其创造的价值增值越多，对社会的贡献越大。西方发达市场经济社会，人们并不避讳谈钱。中国的情况，钱穆在《如何研究中国经济史》中提到中国历史传统对经济问题所持的一个主要观点：经济对于人生自属必需，但此项必需亦有一限度。低水准的必需经济，对人生是有积极价值的；超水准经济，却对人生并无积极价值。他的意思是，对于人生，货币少了不够用，努力挣钱养家糊口，有积极意义；货币多了则徒增无益，反而招致危害。北宋前期统治者认为，"富室连我阡陌，为国守财耳，缓急盗贼窃发，边境扰动，兼并之财，乐于输纳，皆我之物"（《历代兵制》卷八）。历史上，富商大贾因财致祸的例子（关键是连皇帝都眼红），比比皆是。

诗的末尾寄托了共同富裕、人人有钱用的美好愿望。"富民侯"典出《汉书》卷六十六《车千秋传》，汉武帝晚年，后悔杀了太子刘据，正好车千秋上书为卫太子鸣冤，因此擢升车千秋为大鸿胪，几个月后又立为丞相，封富民侯。《汉书》卷二十四《食货志上》记载，"武帝末年悔征伐之事，乃封丞相为富民侯"。后世以"富民侯"称安天下、富百姓的高官。

有理由相信，文学作品中表现和启示的货币，有史料价值。亚里士多德认为，诗歌比历史记载更接近真实。因为诗歌是从当时的现实生活中提炼出来的，是当时众生的普遍情绪，或者说是当时的社会风尚；而历史的记载，只能是当时的、个别的，或许是经过修饰的事实。诗歌能够被传诵，是因为它描述的是当时人生情理中的必然性；历史资料需要精心保存，因为它记载的只是当时事件的偶然性。所以，诗歌应当比历史记载更贴近史实。偶尔可以看到经济史研究中，以古代诗文为证据的例子。如李剑农在《中国古代经济史稿》中，曾借用当时诗文以补史料之不足。其在叙述唐宋时期火耕的畲田时，引用了当时诗句共 30 条，在叙述水车灌溉时，又引用唐诗 10 余首，引王安石等人咏水车诗 5 首。据此，我们可以相信古今中外文学作品中对钱的描述，反映了社会上对钱的看法。

的确，史料中关于钱的论述，与文学作品中的描述大致无异。如西汉元帝时的贡禹把钱看作一切罪恶的根源，他说钱是人们追逐的对象，"富人积钱满室，犹亡厌足，民心动摇"，穷人则"起为盗贼"，"是以奸邪不可禁，其原皆起于钱也"（《汉书》卷七十二《贡禹传》）。

司马迁《史记》卷一百二十九《货殖列传》中谈道：渊深而鱼生之，山深而兽往之，人富而仁义附焉。富者得势益彰，失势则客无所之，以而不乐，夷狄益甚。谚曰：千金之子，不死于市。此非空言也。故曰：天下熙熙，皆为利来；天下壤壤，皆为利往。

马克思在《资本论》（第一卷）中，引用的 1503 年哥伦布寄自牙买加的信："金真是一个奇妙的东西！谁有了它，谁就成为他想要的一切东西的主人。有了金，甚至可以使灵魂升入天堂。"

从文学作品和史料记载中表现的货币形象，以及启示的货币意义之中可以看出，人们对于货币的心理，包含仇恨、憎恶、嫉妒、羡慕、崇拜等，不一而足，五味杂陈。心理学研究中，人大概有以下三种金钱行为。一是权力与控制。通过金钱，人拥有了控制他人的权力。人渴望权力，渴望控制，想方设法拥有金钱就是一个捷径。二是自尊与价值。有钱会得到别人的尊敬。人们往往把金钱与权力、地位、威望紧密地联系在一起，根据他人身上体现出来的金钱符号——服饰、汽车、住房、职业等，来决定与其交往的方式，以个人拥有金钱的多寡作为判断其社会地位的标准。这刺激着人们去寻觅更多金钱，哪怕事实上他们并不需要。三是独立、选择与自由。金钱可以帮助我们摆脱在食物、住房和健康等方面的烦恼，拥有更多选择与自由。

然而，货币带给个人的感受是复杂多样的，以至于人们往往会被货币所迷惑。讲一个犹太故事。一个吝啬鬼去他的拉比那儿乞求祝福。拉比让他站在窗前，看外面的大街，问他看到了什么，他说："人来人往。"拉比给他一面镜子，问他看到了什么，他说："我自己。"拉比解释道，窗户和镜子都是玻璃做的，但镜子后面涂了一层银……镀上银的玻璃，使我们只能看到自己。这就是钱的危险之处。当眼睛被猪油（利益）蒙上以后，人们便不易辨别是非了。这个故事启示我们，金钱的确可以搅乱心神，要想真正看清楚事情，就要先把利益诉求放在一边。

所以，能够战胜金钱的人，能够不被金钱迷惑的人，能够不被金钱牵着鼻子走的人，才有资格被称为智者。

货币是重要的人生坐标。

《塔木德》中有一句意味深长的话：最长的路，是从心灵通往钱包的那条路。人类最好的品质之一就源于能正确地使用金钱——比如慷慨大方、公正、诚实和高瞻远瞩；人类的许多恶劣品质也源于对金钱的滥用——比如贪婪、吝啬、不义、挥霍浪费和只顾眼前不顾将来的短视行为。

从全社会的层面看，人类文明以来，货币打通了时间、空间、种族、文化等阻碍，把整个人类社会组织在一起，互通有无。正如在远古社会，货币寄托了先人对生命丰盈饱满的期许；在现代社会，货币反映了我们对组织、对文明、对和平共处、对生态的意愿，以及对社会公义、对美好生活的期望。

货币是芸芸众生的生计所需。现代生活，大家都是社会化生存，货币是维持生计不可缺少之物，是人生的必备物。了解货币常识，认识货币规律，可以帮助我们做生活的主人。但是，真正了解、认识货币金融知识，仅依靠表现和启示的文学艺术手法是远远不够的，还需要从解释的和说明的科学方法入手。

第一章 | **基本知识**

什么是货币：支付工具与价格标准的统一

关于货币的社会角色，一直以来，人们多将货币认作交易媒介。从货币作为交易媒介的视角出发，人们对货币作用的认识，会局限于解决交易双方的信息问题和诚信问题之内。基于此，在一些经济学研究中，货币被视为可有可无的东西。有人认为，当科技和社会治理水平发展到一定程度之后，交易双方的信息问题和诚信问题得到基本解决之后，货币就没有存在的理由了。20 世纪 80 年代出现的新货币经济学派，甚至宣称精致的物物交换即可主导未来的物质世界。显然，这些认识和主张，多出于对货币的误读，或者轻视。

货币当然是交易媒介。但是，货币不仅仅是交易媒介。

货币在社会上的角色，其重要性，应当超越法律、政府这些社会基础设施，甚至大部分宗教、情感那些社会基础设施。因为货币显然要比法律、政府、宗教等更早地出现于人类社会。更是因为，从基础的层面上，法律、政府甚至宗教和人的情感，这些东西需要货币作为其发挥作用的手段，需要货币来为其提供物质秩序上的帮助。而货币，则可以完全脱离这些东西而存在，并发挥其作用。有人讲现代的货币不就是法定货币，货币的地位不就是建立在法律规定的基础之上吗？表面上看是这样。试想，即使没有法律保障，社会上照样会有各种各样的货币流通，比如黄金，黄金作为货币流通是不需要法律保障的；反过来，如果没有货币，很多法律关系，则无从建立。所以，作为人类社会的制度设施，货币制度比法律制度等更具基础性。

可以设想，如果从现代社会中抽去货币，这个社会将变成什么样子？货币建立起物质世界的秩序，建立起事物之间的联系，如果没有货币，物与物之间、人与物之间、人与人之间的秩序会被打乱、联系会被割断，社会将不再成为社会。有人会辩解，没有人民币还会有美元、欧元；没有货币，还会有记账符号，会有在一定范围内可以普遍接受的交换之物等。就像历史上曾经出现过的那样，即便没有货币，或货币不足，物质交换也不会停下脚步。金德尔伯格在总结《西欧金融史》时讲道："当国家不能履行其提供合适的法定货币的基本功能时，社会寻求创造自己的货币。"黑田明伸在《货币制度的世界史》中也讲过类似的话："即使制度化的通货供给突然瘫痪，人们也会灵敏地做出反应，创造出货币。"的确如此，人类社会活动离不开货币的参与。那些能够衡量物的价值，并能执行价值交换（即支付）的东西，不论它以何种面目出现，它都是货币。货币从未缺席人类活动。

我们需要了解的是，货币是如何参与人类活动的。遗憾的是，人们对货币的认识，并不比对自然界的认识更多。从某种程度上讲，认识货币比认识自然界的难度更大。原因是，自然界中的万事万物是客观存在的，尽管人们已经知道，还存在大量没有认识到的暗物质，但是，它们也是客观存在的。相比之下，货币除了要与几乎所有的客观存在打交道之外，还必须与人打交道。货币既是客观之物，又是人为之物；货币既是客观的存在，又是人的心理意识在客观世界的投射；货币既属于客观领域，又属于主观的范畴。所以，探知货币，需要有"明知不可为而为之"的勇气。面对巨大的不可知性，最为可行的办法，是从实践提出的问题入手。在未知面前，"头痛医头，脚痛医脚"不失为积极可行的办法。

庆幸的是，货币史已经有几千上万年的时间跨度。货币史上的经验以及问题，都是可供我们研究和思考的对象。目前来看，当前现实世界的困扰，不是真实的货币以其他面目出现，而是那些冒牌货，不少与货币根本不沾边的东西，却被冠以货币的名义，诸如比特币等。那些实质上不是货币的东西，以货币的名义披上现代科技的光鲜外衣，迷惑了许多无辜的人，诱使他们掏出腰包中货真价实的货币，去换取这些虚幻的、一文不值的东西。在这一过程中推波助澜的人，或者是要设局骗人，或者是要借机洗钱。所以，解决现实世界中对货币感兴趣的人们的困惑，需要回答"什么是货币"这样一个问题。

相对于"货币是什么"这样一个形而上的问题，"什么是货币"则是形而下的、可以讲得清楚的，且可以在实践中得到验证的话题。人们讲不清楚"货币是什么"，主要有两个原因。首先，货币是人类的选择，要搞清楚人类的选择，是否需要先搞明白做出选择的人类？人们要认识清楚货币，不可避免地需要首先向内认识清楚自己。而人类离真正搞明白自己，还有很长很长的路要走。其次，假设人类真正搞清楚了自己，如同经济学中理性人假设那样，由于货币问题几乎涉及社会生活的方方面面，面对一个几乎与真实世界完全相同甚至更为复杂的系统，人们在理论模拟上要想获得可解的动态均衡，仍然不可及。当代社会几乎集中了货币领域理论和实务方面顶尖专家的中央银行，有时也会困惑于货币政策方向的选择，在宽松或者紧缩的选择上，也会通过试错的办法，试图得到正确的答案。所以，当前的货币领域以及货币金融领域，仍然是经验主导。因此，从货币史的经验中，归纳出"什么是货币"，是一个客观的态度，一个务实的选择。

人类社会有史以来，充当货币的物，数不胜数。充当货币的物随着时间变化而更替，当它们是货币的时候才是货币，当它们不再是货币的时候，就不是货币了。比如现在的一张民国时期南京国民政府中央银行印发的法币，除了在收藏界有些许价值外，它显然已经不是货币了。那么问题是，什么决定了由哪些物充当货币？又是什么决定了，曾经充当货币的物，不再是货币？

我们无法穷尽历史上曾经出现过的货币。但我们知道，这些历史上曾经出现过的货币，在它们曾经是货币的时候，有着一些共同的特征。在货币史上，虽然货币的外在形式千变万化，但是，货币的这些共同特征，从来没有变化过。据此可以推测，这些共同的特征决定了哪些物是货币。可以说，货币之所以被人们承认为货币，是因为它具备了这些特征。那些不再被人们认知为货币的，是因为它们丧失了曾经拥有的这些特征。

这些共同的特征，就是货币的功能。

人们早已归纳出货币的功能，并将其写入教科书中。一般认为货币有五大功能：价格标准、交易媒介、支付工具、贮藏手段、世界货币。可以发现，这五大功能的表述，奉行的是模糊原则。比如，世界货币就是货币在世界范围内发挥货币的功能，不过，有些不能在世界范围内发挥货币功能的货币，在其适用的区域内，仍然是货币。再如，所谓的贮藏手段，意指货币作为财富的代表，其购买力在一定时间区间内的稳定性。往大处讲，前代发行的法定货币在本代不可流通使用，其购买力降低到零；往小处讲，当前的通货膨胀为常态，去年的货币购买力要高于今年的。实现货币购买力的稳定，尤其是在一定时期内的稳定，是个难题。但这并不妨碍，人们在当期视手中持有的未来购买力不太稳定的钞票为货币。所以说，教科书中关于货币五大功能的表述，严格地讲，至少是不严密的。如果运用通约的方法，货币的功能可以简约为两个：价格标准和支付工具。

作为货币，首先是价格标准。价格标准功能在不同的场景下，有不同的表述，比如记账单位、价值尺度、计价标准等。

价格标准功能，形象的表述是指货币可以像一把尺子一样衡量商品和劳务的价值。价格标准功能体现了货币在不同商品之间建立联系的能力。我们知道，不同类别的东西，比如树木和汽车，是不能放在一起比较的。但是，如果借助货币，不同质（类别）的商品和劳务之间，就可以建立起数量上的比较关系，具有相互交换的可能。一切抽象的和具体的物（甚至是意识），都可以通过货币转化成一种具有象征意义的符号（即价格），转化为抽象的、无量纲的数字，不仅可以从量（价格）上比较，还可以建立起可执行的联系（交换）。货币的这种化质为量的能力，就是我们通常所讲的价格标准。价格标准这一功能，是除了货币之外，任何其他的东西都不具备的。基于此，有人甚至认为，单凭价格标准这一功能，就可以定义货币。但是，如果这样做，肯定也会有人提出不同意见。原因是，有时候价格标准可能只是观念上的（如同商店里价格标签上的数字）。在媒介商品交换或者现实支付中，单凭观念上的货币是不够的。

人类有史以来，社会经济活动从大的趋势上讲，总是在向节约交易成本的方向演进。这一原则要求在一个统一的市场内，价格标准是唯一的。不难想象，如果有若干价格标准充斥一个市场，会混乱到何种程度。试想，如果价格标准是唯一的，市场上有多少种商品就有多少个价目表。如果价格标准不是唯一的，在一个具有 n 种商品的市场里，价目表最多可能需要有 n（n-1）/2 个！这种混乱状况，不符合人类社会实践的效率要求。

在货币史上，常有若干种货币共同流通于一个市场之内的现象。比如大名鼎鼎的复本位制。但是，货币流通的历史经验是，即便再多的货币在市场上充当支付工具，它们的价格标准，也只能是众多货币中的一个，其他货币需要通过折算成若干充当价格标准的货币来参与流通。还有一种可能，也是我国货币史上常见的现象，当贵金属（金银）和贱金属（铜铁等）共同流通时，在日常的、一般的市场交换中以贱金属为价格标准，而在稀有的、奢侈品的市场上则以贵金属为价格标准。这种现象并没有否定"一个统一的市场只能有一个价格标准"的论断。因为在贱金属和贵金属共同流通时，它们明显分属于不同的市场。因此在不同的市场中，价格标准是唯一的。

价格标准的唯一性，意味着在同一个市场内，真正的货币，或者说发挥基础性作用的货币（本位币）只能有一个。但是，在货币史和货币流通实践中，可以观察到，同一市场内同时参与流通、作为商品交换媒介的，被称为货币的物，往往可能有多个。这涉及货币的另一项基本功能。

货币的另一项基本功能是支付工具。

货币首先作为支付工具并一直作为支付工具而存在。简单直接地讲，货币在实践中的应用，就是实现支付。马克斯·韦伯说："从历史过程上看，货币支付手段的职能比一般的交换媒介职能出现得更早一些。"经济人类学的证据表明，在早期的人类社会，货币作为支付工具是其最基本的用法。在货币史上，货币作为支付工具，绝不仅限于人类物质方面的活动，"祈神消除"宗教上或精神上的负债也是支付，毋宁说后者才是支付活动的起点。

教科书上将交易媒介也作为货币的主要功能之一。其实，交易媒介之说，只是在交易过程中货币的即时支付行为。如果以交易达成为基点，货币在充当交易媒介的过程中，可能是事前支付（定金），也可能是事后支付（清偿债务），更有可能是即时支付（一手交钱一手交货）。显然，这些可以统称为支付。"支付"可以涵盖所有交易过程。换个角度，支付的行为，只是针对交易中的一方讲的，如果从双方共同的角度、从完整交易的过程来看，支付即媒介。所以，没有必要将即时支付再以交易媒介的名义从"支付工具"中单列出来。

还有人纠结于价值贮藏功能。所谓货币的价值贮藏功能，是指货币在不同时间点上，交换价值的稳定性。这是对货币之所以为货币，理所当然的要求。因为货币作为价格标准和支付工具，本身就要有一定时期内的价值稳定性。货币对于人，"饥不可食，寒不可衣"，货币只是个人在时间轴上配置资源的工具，是用于平滑生产与消费、收入与支出的工具，或者是代际财富传承的载体。如果货币价值没有时间上的稳定性，甚至人们预期到货币会大幅贬值，那么人们就会拒绝接受和持有这种货币，货币进而会失去价格标准和支付工具的功用。所以，价格标准和支付工具这两种功能本身，就有货币价值在时间上的稳定性的要求（币值稳定）。为了分析的方便，没有必要再去专门强调价值贮藏功能。

什么是货币？我们的回答是，货币是价格标准和支付工具的统一，那些既是价格标准又是支付工具的物品，是货币。

货币演化的一般逻辑应当是，价格标准是后天形成的，而支付工具却是先天具备的。货币史的实践，应当是某物先作为支付工具进入流通，当其在流通中逐渐获得人们普遍的一致性预期之后，才会成为价格标准。这里的关键是，只有当某支付工具成为价格标准之后，它才能成为人们普遍认可的真正意义上的货币。

进一步讲，充当价格标准的东西，一定能够充当支付工具，如果它真实存在的话。道理很简单，既然它能衡量商品的价值，当然也能用它换来商品。但是，这句话反过来讲，凡是充当支付工具的东西，是否就能充当价格标准呢？答案是否定的。现实中有较多充当支付工具的物品，但它们大多数不是价格标准。那些只能充当支付工具而不是价格标准的物品，虽然人们习惯上也称之为货币，但它们不是严格意义上的货币，只能是代用货币。

代用货币作为支付工具，是依附于真正的货币（本位币）之上的。作为支付工具的代用货币，只是价格标准的执行者，它本身不是价格标准。但实践中人们也称代用货币为货币，并将其与真正的货币混同起来。货币史上，如果代用货币能够与真正的货币建立起比较紧密的联系，比如那些兑换得到严格保证的纸币，那么，因为其使用方便、支付效率更高，在流通中会受到欢迎。南宋孝宗时期，市场上出现了"商旅往来，贸易竞用会子"景象。淳熙年间的会子流通，曾被朝臣们誉为"楮币重于黄金"、会子"重于见（现）钱"，市场上甚至出现"军民不要见（现）钱，却要会子"的情况。当今人们在小额支付时多用支付宝、微信支付，而少用现金，也是一样的道理。

代用货币的存在，意味着客观世界的货币供给有层级特征。稳定的货币流通中货币形式往往是双层结构的，既有作为严格意义上将价格标准与支付工具统一于一身的真正货币，又有依附于（真正的货币）价格标准之上的仅仅履行支付工具功能的代用货币。货币史上，以及当前的货币供给，大体上都是这样。比如说在中国货币史上，长期的铜本位时期，足值的铜铸币就是流通中真正的货币，而那些同时期的"当十"或者"当百"的"大钱"，那些铁钱、铅锡钱，以及同时期流通的可兑换或不可兑换的纸币等，都是代用货币。在金本位时期，黄金是真正的货币，而同时期流通的银行券或可以兑换黄金的其他货币，都是代用货币。在当今信用货币流通时，现金是真正的货币，而商业银行派生的存款货币，则是代用货币的现代版本。货币供给的层级特征，真正的货币与代用货币共存，是货币史上的常态。

货币供给的层级特征，使我们意识到货币的两大基本功能，价格标准与支付工具，两者既可以统一，又可以分离。既统一于货币本身，又具有可分性，即相对独立性。那么，货币这两大基本功能之间，存在什么样的逻辑关系？

充当价格标准的东西，只有在它真实存在的情况下，才能作为支付工具，充当交换媒介。如果体现价格标准功能的只是观念上的货币，那么，如果要实现商品交换，现实中实现支付的工具必然要另找他物，也就是代用货币。当然，最为理想状态的货币，应当是严格意义上的货币，即将价格标准和支付工具两大基本功能统一于一身的货币。但是，货币流通现实是，作为价格标准真实存在的货币，往往不够用，比如货币史上的钱荒。这就需要发挥替代作用的，仅仅作为支付工具的代用货币。即便真正的货币够用，如果真正的货币在支付时使用不方便，市场上也会出现支付便利的代用货币。

进一步分析，在价格标准和支付工具两大功能之间，不仅有统一，事实上也有对立。

比如，作为价格标准，要求币值稳定，不能因币值波动搅扰了商品流通秩序。我们根据当前已经掌握的一些货币学知识，知道货币的币值，简单地讲取决于货币与商品之间的数量关系，亦即货币的币值必须是在货币与商品的互动中体现和实现的，并非仅仅货币一方就能够完全确定。形象地讲，在一定时期内，即使货币的数量不变，社会上商品总量的变化，也会引起货币币值的变动。但是，货币作为价格标准，其币值需要长期相对稳定，货币的币值变动具有黏性要求。特别是在经济快速增长的时期，如果币值过于坚挺，往往会投射到货币与商品的数量关系上，有些时候会出现真正的货币不够用的情况，会影响到货币支付工具功能的发挥，货币供给将因缺乏弹性而无法满足社会经济对支付工具的量的需求。

货币史上，货币从金属货币进化到不兑现纸币，就可以被看作是货币调和这两个基本功能的对立关系的需要。如果（具有较好的价格标准功能的）金属货币，在经济快速增长时期，能够实现量的增长，满足经济社会发展的需要，金属货币就会长期存在于流通界。问题是金属货币的量受限于金属量，在经济快速增长期就会不够用。如果金属货币不够用的情况长期存在，货币（选择货币的人们）就会产生摆脱金属的内在动力。那些代用货币、长期用作支付工具的真正货币的替代物，极有可能会自然演化出独立的价格标准。这样一来，代用货币就会演化为集价格标准与支付工具于一体的真正货币，原先的货币形式则会遭到淘汰、走进历史。货币史上的事实就是这样。反过来，如果（在量上具有无限可能的）纸币或者信用货币不能实现较为稳定的价格标准（币值）功能，货币流通就会重新回到实物货币阶段。就像恶性通货膨胀时期，人们会产生重回金本位的冲动那样。

一个理想的货币体系，必须同时照顾到价格标准的稳定性以及货币供给弹性的双重需要。货币史上的解决办法是，价格标准稳定性交由真正的货币承担，而支付工具的弹性供给，更多地由各种代用货币来应对。问题是，作为支付工具的代用货币必须与作为价格标准的真正货币发生价值上的联系，就像金本位时期流通中的银行券必须要有含金量的规定且可以自由兑换一样。货币两大职能之间的对立关系，将随着经济总量的快速增长，真正的货币的量供给不足以及弹性不够，最终以触发经济金融危机、货币体系崩溃等方式，驱动货币形式向更高的形态演化。

当前货币流通的现实是，以币值稳定为目标的信用货币，因富有供给弹性，可以满足经济社会发展的需要，而独占流通界，在货币史上取代缺乏供给弹性的金属货币。

价格标准与支付工具的对立统一关系决定了，天然具有币值稳定特征的货币，在货币流通中，需要解决的主要问题是货币供应量（即支付工具数量）问题。而富有货币供应弹性特征的信用货币，其在货币流通中，需要重点关注的主要问题是币值是否稳定。货币史的经验是，那些能较好调和价格标准和支付工具对立统一关系的货币形式，才能在货币竞争中胜出，取代原有的货币形式。

货币史上，固定复本位制下劣币驱逐良币，自由竞争条件下良币驱逐劣币，就是货币两大基本功能对立统一关系的具体表现。此外，现代货币体制下的央行最后贷款人制度，实际上也体现了货币这两个基本功能的对立统一。如果出现流动性危机，市场利率大幅上升，很可能导致通货紧缩，央行此时出手（提供流动性）至少能够稳定市场货币价格，避免经济过度波动情况的出现。甚至可以说，当前宏观金融管理的目标，价格稳定和金融稳定"一体两面"的关系，追根溯源，也可以归结到价格标准与支付工具两大功能对立统一的关系上。

或许可以这样理解，货币作为价格标准和支付工具的统一，是货币之所以成为货币的内在要求。价格标准和支付工具两大功能之间的对立，则是货币适应客观世界的需要时产生的。作为人类文明的产物，货币在参与人类活动时，必须适应客观世界的需要。这样，在价格标准与支付工具统一性的要求下，协调解决二者之间的对立关系，就成为驱动货币形式不断演化的内在动力。

什么是货币？

只有既是价格标准又是支付工具的东西才是真正的货币，货币是价格标准和支付手段的对立统一。严格地讲，一个共同的市场内有且只能有一种真正的货币，即那种既是价格标准又是支付工具的货币。由于真正的货币可能不够用，或者真正的货币支付效率不够高，市场上需要依附于真正货币之上的、执行货币价格标准、仅仅充当支付工具的物品，即代用货币。一个完整的货币体系，由真正的货币和代用货币共同组成。

在当今市场上，真正的货币只有流通中的现金。只有流通中的现金，才是价格标准与支付工具的统一体。银行存款货币是商业银行发行的债务工具，严格地讲，存款货币也是代用货币的一种，在流通中起到支付工具的作用。诸如微信支付和支付宝等，它们只是建立在银行支付体系之上的一个支付客户端，其账户中的余额对应着客户在银行账户中的存款货币。这些网络支付工具，是附着在银行存款货币之上的一种便利的支付手段。

诸如比特币等那些炒得火热的所谓的数字货币，并不是代用货币，也不可能是未来的货币。严格意义上讲，比特币只能是数字资产，至于它们能不能成为支付工具，在多大范围内执行支付工具功能，我们拭目以待。在法律关系上，用比特币支付还是用实物资产清偿债务，并没有什么区别。

还有一个问题，为什么曾经的货币不再是货币了？

货币史的逻辑顺序应当是，货币首先作为支付工具进入流通，在它取得普遍性认可成为可以衡量物的价值的价格标准之后，它才成为真正意义上的货币。真正的货币是价格标准与支付工具的统一体。货币在参与人类活动时，货币或者说货币体系必须同时满足两个条件，即价格标准的稳定性与支付工具的便利性。如果货币或者货币体系不能同时满足这两个条件，可以预期，它将被新的货币形式所取代。

　　当然，这两个条件是与时俱进的。可以想象，这两个条件取决于经济或者财富总量，以及人们对支付便利性体验的要求。只有财富总量的快速扩张以及人们生活方式的根本性变化，才是货币形式演变的根本动力。简言之，货币必须服从服务于人类活动的需要。

货币起源：人为选择的结果，远非俗物

经济学教科书宣称，货币起源于物物交换。因为金银天然的货币属性，最终货币形式收敛到黄金白银身上。这个关于货币起源于商品交易需要和商品交换实践的理论，大约从亚里士多德"货币始于贸易需要"开始，经亚当·斯密、大卫·李嘉图等，最后形成于卡尔·门格尔，延续至今。卡尔·门格尔在《国民经济学原理》中讲道，货币必然合乎逻辑地产生于市场，交易者不断降低交易成本的努力使货币逐渐收敛到某种单一商品上，这一商品最终演化为货币。希克斯在《经济史理论》中，附和了门格尔的说法。这种具有相对严密逻辑推理形式的、带有社会达尔文主义色彩的货币起源理论，较长时期内占据着货币、金融教科书以及理论研究的阵地。

但是，这种流传甚广的货币起源学说有诸多可疑之处。一是这种说法缺乏实物支持。大量的考古学和钱币学、人类学的证据，支持货币起源于非经济目的，而不是市场交换。马克斯·韦伯讲道，有证据显示，货币出现早于市场的形成。这意味着货币可能是交换的前提，而非交换的结果。或者说货币是因为有价值才进入流通，而非因为进入了流通才有价值。当然，这是站在货币起源的角度说的。二是如果货币产生于物物交换的自然选择过程，合乎逻辑的结果应该是用途最广的物品被选择出来，而不是（在远古时期）没有太多生活生产用途的黄金、白银等物品最终胜出。三是按照货币起源于物物交换的逻辑推理下去，货币的未来终将演化成为一个"高度精密的物物交换体系"，这正是20世纪八九十年代兴起的新货币经济学理论所宣称的。货币史难道要终结于技术进步吗？四是货币有着丰富的内涵，货币产生之后，虽然主要服务于物质交换，但货币的价值和意义，从来就没有仅仅局限于物质领域。我们可以观察到，在人类的精神领域，货币仍然能够发挥重要的作用。所以说，不应该把货币看作一个仅仅服务于物物交换的技术体系。

越来越多的历史文献、考古发现和社会学、人类学的研究成果，支持货币起源于宗教、文化、政治等"人为因素"。中国古代文献中有大量"先王造币"的记载，同样地，亚里士多德不仅宣称"货币始于贸易的需要"，而且说"货币的出现不是出于自然而是人为的力量""货币因约定而有价值"。马克斯·韦伯则说，从历史上看，货币的支付手段职能早于交换媒介职能。凯恩斯在《货币论》中说金银的价值是从宗教领域衍生出来的。大量经济人类学（如栗木慎一郎的研究）的证据，支持货币起源于宗教信仰及由此而来的文化习惯。

考古证据展示，在远古时代，贝壳、黄金几乎不约而同地被不同区域的先人们用作货币，这是很神奇的。大约贝壳外形类似女子外阴，象征生命源泉。日本的《古事记》中，曾经记载有"贝具有能够使生命复活的力量"。而黄金和白银，由于其自然的物理属性，散发着太阳或者月亮般的光芒，被巫师视为上天遗留人间的礼物，是人与上天沟通的信物。这种说法也有例证，比如古代的神庙，多是金银之物堆积之地。

还有一些证据。在我们如今的观念里，黄金比白银昂贵。但是在人类历史上，却不一定如此。彭信威在《中国货币史》中写道："在公元前1000年前后，腓尼基及邻近国家通行白银有千年之久，而且银比金贵。古代希腊人认为黄金只值白银的十分之一。《旧约》中所记公元前7世纪时的情形也相同。在《摩西书》中，银质的献礼在价值上等于金质献礼的二十倍。埃及人虽然金银铜并用，但在他们同腓尼基等国人的贸易中，也使用白银。"黄金和白银哪个更贵？合理的解释只能是，这取决于人们的信仰。所以，人类社会早期不约而同地赋予贝壳、黄金、白银这些日常生活无用之物以价值，反映了人类早期朴素的信仰，对生命丰饶的精神追求。

戴维斯（Davies）在《货币史：从古到今》中写道："导致原始货币出现的最通常的非经济力量可以作如此归纳：杀人偿命钱；娶妻的彩礼；装饰礼仪；宗教与政治活动。人们接受某些物件，当初是供某种用途，后来往往发现因其可接受性也可供他用，于是也用于一般的交易了。"

不仅货币的起源，在货币演化和收敛的过程中，人为的因素也超越了自然的选择。思拉恩·埃格特森在《新制度经济学》中引用克洛尔的话说，许许多多商品都具有作为交换媒介所要求的物理特性（如可携带性、耐磨损性、同质性、可分割性和可识别性等），但选择通用的媒介物基本上是一个社会性的决策。他进一步讲道，在被选作充当"货币"时，商品本身的专门特性几乎没有什么经济重要性，起作用的是由习惯和法律所组成的社会制度。由此可知，金银并非天然就是货币。金银成为货币，是人类选择的结果。

人类发展史上，四大古文明里，有三大文明在同一个时期出现了铸币。铸币最早出现在土耳其西部，然后传到希腊，传到罗马。同时在印度出现了官方铸币，都是公元前 6 世纪前后。中国也是战国时成规模地出现铸币。大约在一百年内，三大文明不约而同地出现铸币，相信应该不是巧合。

认识货币起源有助于理解货币的本质。

可能是科学和理性思维作祟，经济学家们过于执拗于货币的物的属性。在观察货币流通现象时，在一些人眼中货币是物的奴役，而在另一些人眼中货币是物的主宰。但他们说的只是货币的某个片段，不是全部。事实上，不论是历史上的金属铸币，还是现代的纸钞，我们都能从中发现货币起源的一些蛛丝马迹。比如历史上的货币几乎都有两面，一面是权威（政治或者文化）的面孔，一面是物质记号（数字符号），这反映了货币的双重逻辑——精神世界、物质世界，以及它们统一于货币。

显然，货币的价值是超越物质范畴的。正如泰德·克罗福德《金钱传》中的一句话：金钱可以召唤我们的灵魂，让它来审视我们自己的行为……金钱的丰饶不仅表现在田野工厂和办公室内，更重要的是，它表现在我们的思想和心灵的创造力和真爱之中。

　　货币，从其起源上看，远非俗物。

货币史概览：从贝到纸币

千百年来，货币的名称和外在形式虽历经千变万化，但其内在的象征价值，从来没有变化过。货币作为价格标准和支付工具的职能定位，没有发生变化。

历史上的货币是它所处时代遗留下来的印记。人类生活的社会化，有两大媒介：语言文字和货币。语言文字是精神（思想）层面沟通和交流的媒介；货币则是人际物质交换的媒介。二者相较，语言文字有极强的历史传承性（惰性），可历经千年而不改；货币形式虽然变化较多，但货币史上出现的每一枚具体的货币，也记载了其所处时代的信息。在历史研究领域，如果说历史文献是我们了解历史真相的"人证"的话，彼时的货币，则可以看作更加可靠的"物证"。

货币史上的中西差异是明显的，这些差异主要体现在货币形式演化进程和轨迹方面。至于货币史上曾经出现过的主要货币形式，中西则大致相当。因此，我们以中国货币史为背景，来还原历史上曾经出现的货币形式。

中国最早的货币是贝。安阳妇好墓中发现了将近 7000 枚贝，可见殷商时期贝的使用已经较为广泛。早期历史上曾经用作货币的贝有天然贝及其仿制品：陶贝、玉贝、骨贝、石贝、铜贝、涂金贝、贴金贝、包金贝、纯金贝等。世界上各民族，多有使用贝币的记录。亚洲的印度、缅甸、斯里兰卡、土耳其，均曾出土贝；美洲的阿拉斯加和加利福尼亚的印第安人曾用贝；欧洲在旧石器时代末期和新石器时代初期遗迹里也发现贝壳；非洲沿海一带及澳洲新几内亚北部各岛和所罗门群岛等地方都用过贝。社会人类学以及货币史的研究认为，或许贝被赋予了诞生、复活与再生等超自然的意义，所以它才成为普遍可被接受的价值符号，成为早期的货币。

彭信威在《中国货币史》中讲道，中国最早的货币，的确是贝。在我国的文字结构中，与价值有关的字大多从"贝"，如货、赋、财、费、资、贾、贷、贵、贱等。可见在中国文字出现前，贝壳已经是体现价值的东西。《说文解字》讲："贝，海介虫也。居陆名猋，在水名蜬，象形。古者货贝而宝龟，周而有泉，至秦废贝行钱。"贝为货币，主要原因应当是信仰因素。

世俗社会、商品流通会冲击古老的信仰传统。

谷帛为币始于何时，已难考证。但自周至汉，由于钱重物轻，铜钱的使用，并不十分普遍。《孟子·滕文公上》中孟子问陈相，许行的衣冠器械，从何而来？陈相答道，都是以粟易之。《盐铁论》卷六《散不足》也记载当时买肉的人，"负粟而往，挈肉而归"。千家驹、郭彦岗在《中国货币演变史》中说道，中国历代都把谷帛作为重要的价值尺度和支付手段，与金属货币并重。每当时局混乱，谷帛的货币作用立即显示出来。汉末时流传的一首童谣是："虽有千黄金，无如我斗粟。斗粟自可饱，千金何所直？"从东汉末年开始，谷帛取代黄金、铜钱，成为主要的货币。

唐代普遍使用绢帛为币。当时绢帛可以说是十足的货币，具有货币的各项职能。加藤繁《唐宋时代金银之研究》中曾讲到，绢帛是丝织物的一种总称，种类很多，主要有锦、绣、绫、绮、罗、纱、縠、绢、縑、绨、绸等。绢帛作为货币的用途，从"私经济"方面主要有贿赂请托、好意赠遗、布施、谢礼、悬赏、物价的支给（即买卖、支付）、物价的表示、赁费、放债、蓄藏等。从"公经济"方面主要有赋税、上供、进献、财政支付、军费、赏赐等。且绢帛在公私经济上的用途，范围均较金银广。据统计，《资治通鉴·唐纪》部分，有195次使用绢帛为币的记录，比金银铜钱出现的频率要高。绢帛作为法定货币，在唐朝是有明文规定的，如"布帛为本，钱刀是末"。

谷帛为币，是经济形势使然。交换不发达，特别是经济窘困时，实用的理念往往会占上风。谷帛为人们生存所不可缺少的东西，此时更容易被接受。但是，由于谷帛笨重，不便携带，当市场超出一定距离或者交换的标的较大以后，谷帛为币的不便之处便显现出来。同时谷帛作货币，本身也容易出弊病，"湿谷以要利，作薄绢以为市"，奸商投机作弊，致使谷帛品质不一，作价困难，使用不便。再者，谷帛与铜钱相较，其使用价值，虽不下铜钱，若用为偿付物价，则不如铜钱方便，用于价值贮藏，亦不如铜钱稳定（谷帛不可久贮藏，恐有损坏、变质之虞）。在谷帛与铜钱混用时，若铜钱量足，则谷帛必处下风。

谷帛为货币，一直行用到唐中叶，前后有五六百年。玄宗天宝以后，谷帛渐渐为钱币所代替。

实物（金属）为币，有一个固有的弊病，就是实物的商品性与其货币性之间存在竞争关系。实物用作商品供消费使用，还是用作货币去交换别的东西，二者存在利益上的竞争关系，影响货币流通的稳定性。作为商品的实物，其市场价格受到产量、市场需求变化的影响，极易波动。而作为货币的实物，其市场价格（即购买力）要稳定。这就形成了实物作为商品的价格与作为货币的购买力之间的不对等。金属货币也是如此。当铜作为商品的价格高于作为货币的购买力时，铜就会从货币领域退出（销熔）；当铜作为商品的价格低于其作为货币的购买力时，就会有更多的铜出现在货币流通领域（盗铸）。货币史上这样的例子比比皆是。

事实上，实物货币的货币性，就是其价格标准职能的体现，作为货币，它要衡量其他商品的价值。实物货币的商品性，就是其支付工具职能的体现，它要在商品交换中发挥媒介的作用，必须遵循等价交换原则。实物货币固有的弊病，是其货币性与商品性之间的竞争关系，也即货币价格标准职能与支付工具职能之间的对立关系，只不过这种对立关系，在实物货币身上体现得更加明显而已。一般而言，货币两大职能之间的对立关系，实物货币比金属货币、金属货币比银行货币更加突出。大卫·李嘉图曾主张，当通货全部都是纸币时它就处于最完全的状态。他的意思是，货币形式实物特征越少，越趋于完善。

铜铸贝币是中国历史上最早的金属铸币。1971 年，山西保德县城西南黄河岸边的商墓中，一次出土了 109 枚磨背式大型无文铜贝，其形状仿自海贝，面无文字，上有一道直沟和壳口，直沟两侧铸有齿纹。保德铜贝是迄今为止所发现时代最早的金属铸币，距今有 3000 多年历史，其体形硕大，铸造精美，并经过精细打磨，属磨背式直齿沟大型无文铜贝，堪称人类金属货币之鼻祖。

据说，战国时期的布币、刀币多从模仿农具形状而来。关于铜钱外圆内方的形状来源，货币史学界有三种说法，一说由纺轮（工具）演变而来，二说由璧环（饰品）演变而来，三说钱圜函方取象于贝。

还有一个货币史界没有关注到的直接证据。早在 5000 多年前，辽宁红山文化圜丘建筑法式的设计，就是圆方图的形状。圆中纳方，是建筑的基本格式、标准格式，金属铸币最终也选择了外圆内方的形制。不同的应用领域出现相同的形制，应当与共同的文化根源有关系。试想，这里面包含着远古时期华夏文明的密码，或者说远古时期人们最为朴素的认知：天圆地方。圆方图，代表天圆地方，古人合自然天地之形象于圆方图之内。圆方图既是自然之法则，亦是社会之法则。天人合一于圆方，圆方是沟通天人之际的媒介。

金属铸币取圆方形制，与前一节货币起源于宗教、文化、政治等"人为因素"的判断，可以说是一脉相承。

中国历史上的金属铸币，与西方比较，大抵有以下几个特点。一是中西金属铸币在外在形状上都是由不圆到圆形转变，这大概是因为圆形有利于流通使用，但中国铸币稳定下来的形状是"外圆内方"，而外国的金属铸币多是实心。二是中国古代钱币上多用文字，西方古代钱币上多用图形，说明中国古代文化重抽象概念，西方古代文化重具体形象。从较早的铸币齐刀来看，目前已经发现并著录的有"齐法化""齐之法化""安阳之法化""节墨之法化""簟邦法化""齐建（造）邦长法化"等数种文字。"化"古通"货"，法化的意思是法定货币，货币铸造已经在国家的法律规范内。三是中西古代钱币材质的不同。中国历史上铜铸币始终占据金属货币流通的主体地位，而古希腊的货币以银为主，西欧货币多以金为主。这一差别，在中西货币史货币演化分野上，具有重要的内涵。四是古代中国钱币铸造，名义上多数时期是中央政府统一铸币权，而实际上铸币权多分散在地方以及民间（私铸），且铸造工艺简单（范铸）。以至于有人曾不无过激地讲过，古代中国市场上流通的铸币没有任意两个是完全相同的。而西方的铸币多为锻压、机制，制作精美，形状如一。

作为价格标准，货币流通必然要确定其单位重量。货币单位轻重是决定铸币能否稳定流通的关键因素。早期的铜钱流通混乱于其单位重量，这种状况一直持续到汉武帝元狩五年（公元前 118 年）。汉五铢钱轻重适宜，是中国历史上最成功的铸币，自汉以来先后流通了 700 多年。唐高祖李渊武德四年（公元 621 年）七月，铸开元通宝（重量和五铢钱几乎相同），货币单位改变为"文"，结束了以重量为钱币名称的阶段。从此，中国币制发展为通宝币制，直到清末，沿袭近1300 年。清光绪年间，始铸铜圆（大清铜币）以补制钱之不足。北伐以后，铜圆逐步退出流通。至此，在中国通行 3000多年的铜钱终于完成了它的历史使命。

唐代之前，黄金使用多于白银。宋代以后，白银的货币作用逐渐上升，黄金逐渐退藏。明世宗嘉靖八年（公元 1529年），政府规定银两的成色、重量和单位，又定其为纳税的法定货币和财政收支的计算单位。至此，银两制度确立，实现了白银货币化。

银两制度在清朝得到较大发展。布罗代尔对此有过一段形象的描述：日常生活中不可能使用整个银锭，购物者"随身带有钢剪，根据所购货物的价格把银锭铰成大小不等的碎块"。每个碎块在使用时都需要称出重量，买卖双方都需要使用戥子。"中国最穷的人也随身携带一把凿子和一杆小秤。前者用于切割金银，后者用于称出重量。中国人做这件事异常灵巧，他们如需要二钱银子或五厘金子，往往一次就能凿下准确的重量，不必增减"（《15 至 18 世纪的物质文明、经济和资本主义》）。

但是，银块流通毕竟不方便。到清朝末年，政府开始铸造一两重的银圆，由于当时市面流通的是在世界上流通很久的轻重适度的七钱二分重量银圆，一两重的银圆无法流通只得停铸，而改按流通规格铸造七钱二分重量银圆。货币单位也就随之由"文"改变为"圆"。

吕思勉说，古代中国金属铸币流通有两处劣点。一是私销私铸无法禁绝。如果铜铸币分量过轻，则私铸之风难以禁止；如果铜铸币分量较重，则私熔（或称为销熔）的行为亦难禁止。私销私铸下，货币流通呈现一种多则益多、少则益少的状态，难求稳定。西方早期货币理论中有一个所谓的金属货币流通规律，即在金属货币流通的情况下，由于金属货币具有贮藏手段的职能，能够自发地调节流通中的货币量，使之同实际需要量相适应，因而不易出现通货膨胀或通货紧缩。这一金属货币流通规律，不契合古代中国金属货币流通的历史事实。彭信威也谈道，铜钱私铸，本来是货币不足值（流通中货币过多）的情况下才会发生的问题，而私铸无疑进一步增加了流通中的货币量，进一步推动物价上扬；铜钱销熔，在货币金属作为物的价值大于其作为货币的价值的情况下才会发生，本来货币较少，这种较少又引起货币销熔，进一步减少了流通中的货币量，加剧了通货紧缩。因此，古代中国历史上的铜钱私铸和销熔现象，不像教科书上所谓金属货币流通规律所讲的那样，金属自动地进入或退出流通会自动稳定货币的购买力，而是加剧了货币流通的不稳定。出现这种现象的一个原因，可能是中国古代铸币多采用范铸，技术门槛低，民间容易模仿，货币金属与金属铸币之间的转换成本较低。

二是钱之不足用。货币金属系自然之物，数量有限，经济增长，必然要求货币量增加。然受金属量限制，货币量无从增加，故有"钱不足用"之说。中国历史上曾多次实行禁蓄钱政策，实钱荒使然。如唐后期反复宣布禁令，元和十二年（公元817年）颁布《禁蓄钱令》，规定私贮现钱不得超过5000贯，超过的限一月内买物收贮，如钱数过多，则不得超过两个月。违反者按不同身份定罪，平民会因此被痛杖处死。再如南宋时，绍兴二十九年（1159年）户部奏准民户积钱不得超过1万贯，官户不得超过2万贯；超过两年不用来买物的拘捕入官，告发的有赏。实际上，后来纸币的出现，以及逐渐的白银货币化，个中原因，或多或少都与铜的匮乏有关。

货币史认为，北宋的交子是世界上最早的纸币。最初交子由民间自由筹办，宋仁宗天圣元年（公元1023年），朝廷设益州交子务，交子成为官方发行的流通纸币。此后，南宋、金、元、明、清都曾流通国家纸币。元代疆域辽阔、市场广大，是中国古代纸币发展的极盛时代，始终行用纸币，形成了世界上最早的纯纸币制度。

严格地讲，古代中国纸币是一种代用货币、管理货币、外生货币，与肇始于西方的现代纸币不同。交子虽然以纸为币材，但最初的交子，与其说是纸制的货币，不如说是一纸凭据。在交子的背后，是其可兑现成铜钱、铁钱的承诺，交子实质上是借助铜钱、铁钱的名义流通的，是铜钱、铁钱的代表。交子只是支付工具，没有形成独立于金属铸币之外的价格标准，其真实的身份是代币，而不是一种独立的货币形态。政府接手交子事务后背弃承诺，屡屡贬值且最终不再兑现，结果是市场毫不留情地抛弃了这种代币形式。所以说，如果认真起来，中国历史上的纸制货币，不是真正意义上的独立的货币形式，或者说中国古代的纸币没有演化出真正独立的货币形式。因此，说纸币最早出现在中国，不如说纸制的货币形态，最早出现在中国。

综观中国各朝代发行的纸币，从宋代的交子到清代咸丰官票宝钞，历史上各朝代纸币币值稳定时间短，贬值时间长，最后都彻底失败，与恶性通货膨胀与政权存亡相伴随。究其原因有三。一是纸币流通时，国家政权因素当为主导，但仅靠国家政权使货币摆脱物的属性，结果只能是货币流通不稳定、货币持续贬值，最终是纸币提前退出流通或与政权一同消失。二是历代统治者都把发钞作为筹措军费解决财政困难的手段，纸币基本上是在战乱年代或财政困难情况下诞生的，交子、钱引、会子、交钞和咸丰官票宝钞等都是如此。历代国家纸币，均是以一纸无价值的纸钞，无偿征收民间财物。三是各朝代统治者发行纸币，都是用行政命令强迫实施的，虽多数时候有纸币发行之准备，但无任何有效约束下的所谓发行准备，实行中多为虚文。实践中国家既无发行准备金做保证，缺乏信用基础，又不能限制纸币发行量，无法有效管理纸币流通。结果是纸币最终变为一张废纸，为市场所排斥。

真正的纸币最早出现在西方，是独立于金银等金属货币而存在的，完全靠政府信誉流通的纸制货币。其演变过程也经历了银行券、可兑现黄金白银等纸制货币形式，最终真正的纸币完成了独立于金银货币进入流通领域作为商品交易媒介的艰巨任务。南京国民政府于20世纪30年代创制的纸币形式，完全是向西方学习的，当时的法币改革，更多是为了收回货币发行权，在放弃当时可能是全球仅有的银本位制的同时，与英镑挂钩，实际上仍是金汇兑本位制。到20世纪70年代，布雷顿森林体系彻底瓦解以后，货币史才真正进入可兑换的信用货币时代。我国当前的人民币纸钞纸币流通，对接的是西方的制度传统，与中国古代货币史没有关联。

彭信威的《中国货币史》总结了古代中国货币制度的特点。一是货币的各种职能在中国不集中于一体。如金银多用作价值贮藏和支付手段，铜钱多用作流通手段和价值尺度（价格标准）等。二是铸造和流通的地方性。三是铸造技术多为手工，即范铸，结果是铜钱式样难得精美，成色常有参差，轻重也不一，以至于难以找到两个一模一样的铸币。四是铜钱的重量，从长期看，几乎稳定不变。2000多年来，中国的货币制度，没能经历从低本位（铜）到高本位（金）的升级，以及从"外生货币"向"内生货币"的转换。这是令人扼腕叹息的。

年鉴学派的代表人物布罗代尔讲过，只要看一下是什么金属在一个经济里占主导地位，便能判断这个经济的发展方向及其健康状况。中国历史上铜钱始终占据金属货币流通的主体地位，而古希腊的货币以银为主，西欧货币以金为主。我国这种货币的历史演进，取决于特殊的地理、经济、政治、社会条件。古时中原地带是世界上最大的连片宜农区域，黄河、长江流域有宜人的气候和丰富的物产，国家较早实现相对统一，市场发展相对活跃，经济社会发展水平大多时候优于世界其他地方。如果仅考虑经济发展水平，中国的货币演化应会尽快完成从铜本位到金本位的升级。遗憾的是，货币史上的表现却不是这样。与西方货币史的不同，大约是因为中国古代社会相对统一，源于威权的政府信用为不足值货币流通提供了部分保证，货币也主要服务国内贸易，对单位价值和货币质量的要求不高。

附：春秋战国时期，"货"和"币"各有其义。"货"多指商品，古人视"货"为财富。如"日中为市……聚天下之货，交易而退"。"币"多作皮、帛，日渐成为重要的支付手段。如"以珠玉为上币，以黄金为中币，以刀布为下币"。据考证，我国最早出现"货币"一词是在《三国志·蜀书八》中，麋竺"进……金银货币以助军资"。顾炎武《日知录》中引元稹奏状，说自岭以南，以金银为货币。自唐朝以后，历代多用"钱币"一词。直到清末设银行，改币制，"货币"一词才较为广泛地使用起来。

货币单位：古代几大文明的"不约而同"

货币之所以是货币，首先因为它是价格标准。价格标准，具体表现为货币单位，这是货币独有的核心功能。而价格标准的形成，是人类社会早期货币流通不断试错，从实践中得出的共识。

货币不同于他物的地方，是其化质为量的能力。严格意义上，货币只有计价标准这一功能无法被他物替代。除此之外，支付工具、交易媒介、价值贮藏等传统意义上的货币功能，流通中均有可替代物。

具体讲，货币作为计价标准，可以将不同种类、不可直接比较的商品和劳务，通过价格这一标签联系起来，使之可以进行比较（交换）。货币使物品可以通约，一切抽象的和具体的物品都可通过货币转化为一种具有象征意义的符号，转化为可以计算的、抽象的数字（价格）。借助于货币，不同种类甚至是风马牛不相及的物品，可以相互比较、相互交换。

如果说货币可以像一把尺子一样衡量不同物的价值，货币单位就是这把尺子上的刻度。货币单位的形成是一个长期实践摸索、试错的过程。从货币史来看，早期的货币单位是金属铸币的重量，随着货币逐渐符号化，货币单位逐渐从重量单位演化为一个称谓。

　　春秋战国时期共有四个铜铸币体系：布币、刀币、环钱和蚁鼻钱。春秋时期的布币在大小、厚薄及形状等方面没有标准。战国时期，布币形制发生了较大变革，空首布变为平首布，总体也由大变小。刀币根据形状可分为两类：齐国的大刀和主要流通在燕国的小刀。产生于公元前 5 世纪到公元前 3 世纪的"安藏环钱"，是圆形方孔钱的前身。蚁鼻钱主要流通于当时南方的楚国。总的来说，春秋战国时期铜铸币形状各异，名称多样，大小轻重不一。春秋战国时期的货币单位，以货币名称命名的较少（文献资料中称若干刀或若干布的极少）。布币体系的货币单位总体上以釿、寽、铢、两等为主，刀币体系的货币单位以化为主。

　　自秦代以后，钱币实物和文献记录才可以相互印证。秦统一六国后，于秦始皇三十七年（公元前 210 年）颁布钱币改革令，基本内容是"以秦法同天下之法，以秦币同天下之币"，规定黄金为上币，半两为下币。秦半两"质如周钱，文曰半两，重如其文"。"径一寸二分，重十二铢"的圆形方孔秦半两钱，在全国通行，逐渐结束了我国古代货币形状各异、重量悬殊的杂乱状态。

　　但是，"秦钱重难用"，即秦半两过重，不便流通使用。西汉初年，流通中各种名为"半两"的铸币重量，大体上在三铢到八铢之间，"各随时而轻重无常"。

　　约在公元前 206 年，汉刘邦以秦钱太重不便流通为名，令民间自铸轻钱流通，结果是物价飞涨。高后二年（公元前

186年）恢复八铢钱，高后六年（公元前182年）又改用轻钱，结果是越改越乱。汉文帝时，经济恢复，货币需求大增，官府铸钱一时满足不了社会需要。汉文帝实行的政策，一是铸造质量高于荚钱（钱重三铢，文为"半两"）的四铢钱；二是除盗铸钱令，使民放铸，民间自由铸造钱币。

铸币轻重的实验终于在汉武帝时期得到解决。汉武帝在位期间先后进行了多次币制改革，建元元年（公元前140年）行三铢钱，重如其文（铸币实际重量表现为铸币名称）。由于三铢钱与四铢重的半两钱等价使用，于是又导致盗铸盛行。建元五年（公元前136年）春"废三铢钱，行用半两钱"。元狩四年（公元前119年）又重新铸造三铢钱并造皮币和白金币，还颁布了盗铸金钱者死罪令。元狩五年（公元前118年）开始又进行了第四次币制改革，"废三铢钱，改铸五铢钱"。钱文"五铢"，从此启用。并于元鼎二年（公元前115年）收回郡国的铸币权，由中央统一铸造发行。

汉武帝五铢钱制，收到良好效果，原因之一是五铢钱名称与重量相符，是足值货币，私铸没有油水可捞；二是铸币轻重适宜，五铢钱流通稳定；三是五铢钱制作精良，不易仿造；四是中央的政令得到了贯彻执行。

东汉、魏晋以后700多年时间内，货币史上的表现为，历代若行五铢钱制，货币流通就会稳定。否则，如王莽时期的币制改革，东吴时期铸当五百大钱和当千大钱，蜀汉的"值百五铢"等，均以失败告终。唐高祖李渊武德四年（公元621

年）七月，废五铢钱，铸开元通宝，重二铢四。因为唐代一斤比西汉一斤重一倍以上，事实上开元通宝（一文）和五铢钱的重量相差无几。

从公元前118年开始，五铢钱就固定下来，历代铸币都保持这个重量（约4克重），唐代开元通宝和清光绪十五年（公元1889年）广东用机器所铸的光绪通宝，重量也是相等的。甚至在清朝末年，西汉的五铢钱还有流通。古代中国货币流通的实践中，以约4克铜合金重量为货币单位，从汉武帝到清末，前后超过2000年。

有意思的是，在西方早期，如希腊古代的德拉克玛（drachma），通行的重量也是4克许，罗马的银币单位德拉留斯（denarius）也是重约4克。这是巧合，还是别的什么原因，不得而知。人类历史上的几大文明起源发展过程中，尤其在货币史上出现了诸多的不约而同（如以金、银、贝为币），是个有趣的现象。要么货币是严格的科学（似乎不是），要么是巧合。或许是有一个什么超越自然的力量在主导这一过程？

也许，是我们低估了史前时代的人们跨越地理鸿沟做生意的能力。有人认为，旧石器时代，交换就已经直接或者间接地全球化了。因为在冰期，海平面下降了一二百米，人们甚至可以穿越白令海峡。但是，到新石器时代，可能是气候变化的原因，交换的范围似乎缩小了。有人论证，公元前5000~公元前1500年，在旧大陆，发生过史前的农业全球化过程。史前人类逾越欧、亚、非洲之间的巨大地理鸿沟，将驯化的植物和动物从一个地理单元带到另一个地理单元。在安阳，殷墟遗址出土的甲骨文所用的龟壳，竟有产于马来半岛海龟的龟壳。这些证据足以证明，我们小瞧了史前时代人们的活动范围。既然彼此之间可以交往、交换，货币单位重量大致相同，也就没有什么好奇怪的。

中国历史上铸币重量，约 4 克重的汉五铢与唐通宝是好钱的标准。铸币重量超过或不足这一标准的货币流通，均不成功。

轻重适宜的货币单位具有历史传承性，但货币单位的名称却在变化。五铢铜钱流通 700 多年后，铜铸币进入通宝时代。开元通宝一改先秦以来以重量命钱的铢两钱制，以"通宝"两字命钱，货币的名称与重量相分离。"通"突出了货币流通，"宝"则象征着国家威权，综合了铸币的货币流通职能及其国家信誉。从此，中国的币制正式脱离以重量为名的铢两体系而发展为通宝币制，成为唐以后历朝的铸币标准，直到清末，沿袭近 1300 年。

开元通宝与西汉五铢重量大体相当，但货币单位名称由"五铢"变为"文"。一枚铜钱称一文，一文的重量称为一钱。此后，一直到清末，圆形方孔铜钱行将退出流通之际，清末的机制库平一钱"光绪通宝"小平钱和一枚唐代开元通宝的重量仍然相同。

清朝末年，开始铸造一两重的银圆，但当时市面流通的是在世界上流通很久的轻重适度的七钱二分银圆，所以一两重的银圆无法流通只得停铸，而改按流通规格铸造七钱二分银圆。货币单位也就随之由"文"改变为"元"。宣统二年（公元 1910 年）颁布的《币制则例》规定"大清国币单位定名曰圆"。《币制则例》没有实施。清王朝灭亡后，"元"体系的法律地位由《国币条例》（公元 1914 年）继承下来。国民党政府上台后，先后实施废两改元和法币改革，"两""文"货币单位体系退出历史舞台，货币单位的"元"体系，被确立下来，一直沿用至今。

中国历史上的纸币实质上是代用货币，代表金属货币（以计价标准为核心标志）流通。历代纸币分别以铁钱、铜钱或银两为货币单位。北宋四川等地交子以铁钱为货币单位，南宋会子多以铜钱为货币单位，金代交钞以铜钱为货币单位，元代纸币多以银两为货币单位，大明宝钞以铜钱和银两为货币单位，清代咸丰官票以银两为货币单位，大清宝钞以铜钱为货币单位。

货币单位就是价格标准。需要再次强调的是，同一市场上，价格标准是唯一的。

历史上也有奇怪的事，史载南宋绍熙三年（公元 1192 年），南宋政府为了解决淮南地区铁钱过多过滥的问题，由当时的吏部尚书赵汝愚等奏请，印造两淮会子三百万贯，每贯相当于铁钱七百七十文，分一贯、五百文、二百文三种面值，在两淮地区流通，并允许流转至江南沿江八郡等原来行使铜钱和铜钱会子的地区（《建炎以来朝野杂记》甲集卷十六《两淮会子》)。这个举措的意图，一是要通过发行纸币收回部分流通中的铁钱，二是扩大铁钱会子的使用范围，其初衷是要减少铁钱的流通量。宋代铸币划区流通，江南八郡属于铜钱流通区，市场惯行的货币单位自然是铜钱单位，而铁钱会子的货币单位为铁钱。朝廷此举引起时任江东转运副使，权总领淮西、江东兵马钱粮的杨万里激烈反对。（就是那个写"接天莲叶无穷碧，映日荷花别样红"的）杨万里上奏的理论依据是"现钱为母，会子为子，母子不相离"的"钱楮母子论"。杨万里所言，是指楮币借金属货币之价值单位参与流通，铁钱会子在铜钱流通区没有可参照的价值单位标准，不能在铜钱区衡物之值，而无法流通，故在铜钱流通区发行铁钱会子的想法非常荒唐。杨万里上书谏阻，发"钱楮母子论"，揭铁钱会子将"无钱可兑，是离母之子"无法流通之事实，拒不奉诏，表示即使将来朝廷发来铁钱会子，也不会接收，否则"江南之民又将不胜其扰"。由于各种原因，南宋当局终于没有在江南行用铁钱会子。但是杨万里也因为这篇拒不奉诏的奏议而被改任为赣州知州，他对朝政十分失望，遂不赴任，从此结束了政治生涯。

第二章 | **金属货币**

金属货币：谁说金属货币可保物价稳定

金属货币的奥秘，是以有限之物约束无限之欲望，从而在人类文明发展的某些阶段，有效地维护货币的价格标准职能。或者说在金属货币流通时期，货币的尊严，归根结底是靠铸币的金属含量维系的。

在货币的长期演化中，金属物质扮演了主要角色。从种类上讲，充当过货币材料的金属，有金、银、铜、铁、锡、铅等；从形制上，有金属块、金属铸币，还有想象的金属（名义上可兑现纸币）。

在中外货币史上，金属长期占据重要位置。一是因为铜铁等金属和黄金白银是"近亲"，具有作为交换媒介所要求的可携带性、耐磨损性、同质性、可分割性和可识别性等物理特性，故能在货币实物竞争中脱颖而出。二是因为金银本身的象征价值，以及铜铁是礼器、兵器、农具材料，易为世俗社会接受。三是因为古时候采掘冶炼技术不发达，金属的供应量相对稳定，为稳定货币流通提供了物质保证。金属为主要货币的历史，至少有三千年以上。

金属为币，主要有两种形式，一是铸币，二是称量货币。

铸币有以下几个特点。一是中外铸币在外形上都是向圆形演变，大概是圆形有利于流通使用。二是中国古钱币上多用文字，西方古钱币上多用图形，说明中国文化重抽象概念，西方文化重具体形象。中国古钱币上的文字，几乎涵盖了历史上出现的所有书体，钱币的演变同时反映了社会文化的演变。三是中国历史上铜铸币始终占据着主体地位，而古希腊的货币以银为主，近代西欧货币以金为主。四是古代中国名义上多数时期是中央政府统一铸币权，而实际上铸币权多分散在地方以及民间（私铸），且铸造工艺简单（范铸）。这一点与西方相对精美的机制铸币有很大不同。这点不同，不仅体现在铸币是否一致、是否精美上，更体现在金属铸币流通中，铸币与金属块之间转换的难易程度上。接下来的分析证实，铸币与金属之间转换的门槛高低，影响了货币流通的稳定性。

和金属铸币相比，以金属币材本身的重量、成色为基础的称量货币更为原始，用作价值贮藏和大额支付较为方便，若作为日常交易所需，则不甚方便。《清代货币金融史稿》中记载了一个当时常有的例子：从江苏税收中拨一笔款汇往甘肃作为协饷。江苏税单用的是库平，实际完税是地方银两；将税款汇往上海，要用漕平；到了上海，要用规元；由上海汇往甘肃，要用漕平；到了甘肃，要用当地银两计算；甘肃对于江苏的协款，要用库平计算；而回存到当地银钱号，支付仍然要用当地银两。统计全部兑换过程，不下七次之多。就是当时北京一地，所用的平（银两标准），就有七种之多。银两制度之弊、之落后，由此可知。

人们对金属货币流通的最大误解是，金属货币流通条件下物价会保持稳定。

这种误解，主要是基于对金属自身有价值的认知，或者说是货币流通基于货币自身物的价值的认知。长期以来，人们认为，在等价交换的原则下，金属自身价值的稳定会决定其交换价值，即物价的稳定。但是，这种认识不合历史事实。千家驹、郭彦岗在《中国货币演变史》中，总结了中国历史上从汉代到辛亥革命前发生过的 15 次较大的通货膨胀，其中处于金属货币流通条件下的有 10 次。

米尔顿·弗里德曼讲，通货膨胀是一种货币现象。在大多数时候，人们习惯于从货币方面寻找通货膨胀的原因，货币史也为这种习惯提供了借口。如同人喜欢占小便宜一样，统治者一旦拥有了垄断铸币发行的权力，就总会千方百计地减轻铸币的重量（纯度）以获利。

英国人约翰·F.乔恩在《货币史：从公元 800 年起》中谈道，金属货币贬值的原因是统治者降低所发行硬币的贵金属含量，从而赚取铸币面值与真实金属含量之间的差价。他总结了政府的三种主要方法：一是减轻铸币的重量；二是保持重量不变，但降低铸币的贵金属含量；三是强令铸币以较高的价值流通。此外，民间还有三种导致铸币减值的类型：一是不忠实的铸币者违反指令铸造斤两不足的铸币，二是造假，三是打磨流通中的硬币。

许树信在《我国古代铜钱与通货膨胀》一文中，总结了古代中国铜钱贬值的三种类型。一是钱体减重，型制缩小，实际金属含量大大低于名义重量。这种减重小钱，有时它的重量仅及其名义重量的几分之一，甚至几十分之一。如东汉末年董卓铸造小钱，结果物价暴涨万倍；南北朝刘宋末年发行的綖环钱，造成物价狂涨，斗米尺帛要卖万钱；隋炀帝时，滥发减重铜钱，最后，"剪铁鍱、裁皮、糊纸以为钱"。到隋恭帝时，洛阳米价一斛要万钱。

二是铸大钱。钱体和重量都有所增加，而钱币面额价值则增加得更多，使铜钱的名义价值远远超过本身金属材料的价值。中国历史上铸行大钱的事例很多。清咸丰三年（公元1853年）十一月，户部侍郎王茂荫上《敬陈大钱利弊疏》奏折，论行大钱利弊，将历代大钱兴废数落了一遍（《皇朝经世文续编》卷五十九《户政三十一·钱币中》）：

汉元鼎二年，铸官赤仄一当五，赋官非赤仄不用。其后二岁，赤仄钱贱，遂废。王莽钱自当一以至当五十为六等，百姓溃乱，莽知民愁，改行当一与当十二品，尽六年毋得复挟大钱。吴孙权嘉禾五年，铸大钱一当五百，又铸当千钱，钱既太贵，但有空名，人间患之。权闻百姓不以为便，省息之，铸为器物，官勿复出也。宋文帝元嘉七年，以一大钱当两，行之经时，公私非便乃罢。陈文帝天嘉五年，铸五铢钱，以一当鹅眼十。宣帝大建十一年，又铸六铢，以一当五铢之十，后还当一。后周建德三年，铸大布钱，以一当十，五年以布钱渐贱，人不用，遂废之。唐肃宗乾元元年，第五琦铸乾元重宝钱，一当十，又铸重轮乾元钱，一当五十，京师人人私铸，物价腾踊，斗米至七千钱。代宗即位，重宝钱以一当二，重轮钱以一当三，凡三日而大小钱皆以一当一。自第五琦更铸犯法者日数百，州县不能禁止，至是人甚便之。后唐锺谟请铸大钱一当十，谟得罪而大钱废。宋范雍、张奎皆铸当十钱，民间盗铸者众，钱文大乱，物价翔踊，公私患之，后皆改为一当二。神宗四年，皮公弼铸当十钱，后改当三，又减当二。徽宗二年，铸当十钱，四年以盗铸多，诏改当五，旋又改当三。明洪武即位，初定钱制，当五当十凡五等。四年，即改铸大钱为小钱。天启元年，铸当十当百当千三等大钱，旋诏收大钱发局改铸。历考前代大钱，惟汉昭烈入蜀，铸直百钱，史称旬月府库充实，未详所止，意亦愚民一时之计。余则始末具见，未有行三年而不改变废罢者，未有不称盗铸云起、物价腾贵、公私非便者。史册所载，彰彰如此。

三是降低钱币金属成色，改变金属成分。在铸币的金属材料中，减少铜的比重，增加廉价金属比重，甚至直接用铁、锡、铅等低值金属代替铜来铸造钱币，从而降低钱币的实际价值。唐开元钱含铜量在 83% 以上。宋天禧钱中含铜 65% 左右。宋徽宗时蔡京当政，三次强行推行"夹锡钱"，一枚夹锡铜钱，含铜量只有 57% 左右，钱体总重不过三钱，却规定当一般铜钱二枚使用，结果造成物价暴涨。

仅从货币这一方看，如果货币的价值（购买力）是由货币内涵的金属价值决定的，那么按照等价交换原则，货币贬值对应物价上涨，货币贬值多少物价就应大约上涨多少。货币史上的事例显然不支持这一论断。彭信威在《中国货币史》中举了两个事例，一是董卓铸小钱，铸币最多减重五分之一，但当时物价上涨，却逾万倍；二是梁武帝铸铁钱，以价值来说约有铜钱的十分之一，它却使当时物价上涨几百倍。货币史上也有不少铸币减重贬值了，但物价没有明显变化的例子，汉文帝时就是一例。司马迁说文帝时"令民纵得自铸钱"，《盐铁论》卷一《错币》也说文帝时"纵民得铸钱"。时有法定重量为三铢，流通中甚至有轻至一铢的"榆荚半两"，但物价没有明显的上涨。盛唐时期，民间私铸严重，玄宗时曾拿出官钱收兑恶钱，商民反以为不便，减重的恶钱流通，却没有带来通货膨胀。再如北魏时期有"风飘""水浮""环凿"等恶钱，但无通货膨胀。

历史上物价上涨远远超过铸币减重的幅度的现象，主要有两个方面的原因，一是可能商品供给急剧减少；二是货币的供给非官方垄断，铸币减重引发民间私铸，流通中货币数量的增加就有可能数倍于铸币减重的比例。如北宋末年周行己所言，"自行当十以来，国之铸者一，民之铸者十，钱之利一倍，物之贵两倍"（《浮沚集》卷一《上皇帝书》），就是这种情况。

历史上铸币减值后没有发生通货膨胀的原因，最大的可能是流通中的铸币相对于商品的不足。在这方面有一些较典型的错误认识，如约翰·F.乔恩确信无疑地认为："铸币发行者可以进行欺骗，通过降低铸币成色而获取额外利润。如果这种做法被发现（经常是这样），那么公众就对铸币'照原'（即按其金银含量）估价，而不按'面值'估价。"北宋末年周行己也有同样的认识："然而当十必至于当三，然后可平。"认为政府规定的"当十"实质只有"当三"的铸币，会在流通中自动地趋于与其真实价值相等，只有在流通中逐渐贬值至"当三"后才能稳定。之所以有这些将金属货币的购买力与单位货币金属含量等同的认识谬误，是因为他们没有认识到货币购买力的变化即物价的变化是商品货币相互关系的变化，更没有认识到货币的商品性与货币性内在的竞争关系对币值变动的影响。

货币史上还有一个有力的例证，说明金属货币的购买力与其金属的含量之间，没有一一对应的关系。金属货币有一个内在的致命弱点，即货币性与商品性之间存在竞争关系，这种竞争关系会影响货币流通的稳定。在货币史上，这种竞争关系有两种表现：一是私铸，当铸币作为货币的价值（面值）高于其作为商品的价值（市值）时，民间盗铸就会不止，面值与市值差别越大，盗铸之风就会越盛；二是销熔，当铸币作为货币的价值小于其作为商品的价值时（如宋代），民间私下销熔铸币制作铜器的行为就会屡禁不止，这种情况下政府铸造再多的货币结果也是市场上的"钱荒"。北宋张方平曾说："销熔十枚铜钱，能得精铜一两，造作器物，获利可达五倍。"由于铸币作为货币的价值与其作为商品的价值背离，私铸和销熔，利之所在，法不能禁。

如果货币的价值是由其金属的价值决定的，就不会出现铸币的货币性与货币金属的商品性之间的竞争。货币史上这种竞争关系的长期存在，说明在金属货币流通情况下，货币的价值也非由其金属价值决定。在英国亨利八世时期，铸币大贬值引起的通货膨胀水平之高，足以证明"金本位能够确保价格稳定"的观念是错误的。

彭信威在《中国货币史》中整理了一个历时四五百年中外白银购买力变化比较表。15世纪，每公斤白银在中国能够购买75.11公担大米，在欧洲能够购买57.36公担大米。此后白银的购买力逐渐下降，到19世纪后半叶，每公斤白银在中国大概仅能够购买13.87公担大米，在欧洲能够购买6.15公担大米。四五百年的历史长河中，无论中外，白银作为货币的购买力的变化，也可以证明金属货币流通与物价稳定没有必然关系。货币金属本身就不存在价值稳定问题，何谈金属货币流通可保证价格稳定！

金属铸币在流通中脱离其货币金属的价值，在欧洲货币史上也属常态。大卫·李嘉图在《政治经济学和赋税原理》中谈道，在限制数量之后，减色铸币也会像具有法定重量和成色的铸币一样按表面所标价值流通，而不按其实际所含有的金属重量的价值流通。因此，在英国铸币史中，我们看到通货贬值从不与其减色成同一比例，原因是通货数量的增加从不与其内在价值的减少成比例。类似地，鲁道夫·希法亭在《金融资本》中记述，奥地利银盾的市价完全独立于银价而波动。

但是，在中国货币史上，由于金属铸币与货币金属之间转换的门槛比较低，铸币数量与铸币足值与否，有着密切的联系。当铸币足值时，流通中的货币数量往往稀缺，因为此时有很大可能，金属铸币作为金属商品的价值大于其作为货币的价值，人们就会将流通中的货币销熔铸造成商品以获利。宋代，铜钱皆为良币，但钱荒困扰伴随始终，原因即在于此。当铸币不足值时，流通中的货币数量往往会较充裕，因为此时有很大可能，金属铸币作为货币的价值要大于其作为金属商品的价值，此时人们会私铸货币以获利。

有趣的是，当金属货币稀缺时，金属货币不一定昂贵；但当金属货币泛滥时，金属货币就一定低贱。金属货币稀缺时，不一定昂贵，原因一是政府法律不容，二是社会上会出现多种多样的代用货币，以缓解流通中货币不足的问题，物价不会因金属铸币稀缺而过多下降。但当金属货币供应过多时，物价上涨就是大概率事件，除非社会上商品供给增长的速度能够跟得上货币供应量的增长。

尽管金属货币流通并不必然意味着物价稳定，但是，货币史上的表现，金属货币流通时期通货膨胀发生的频率明显要少于纸币流通时期。如果说货币史上金属货币流通时期币值相对稳定，应该是一个比较可靠的结论。主要原因，一是金属货币流通时期社会生产力水平相对低下，社会产出增长较慢；二是币材数量的"自然法则"约束了大量快速增加流通中货币量的可能。

当今世界，如果货币本位恢复到金本位，会不会带来物价稳定？先提供一组数据。统计数据显示，黄金价格的波动率，不仅远高于通胀率，还远高于像股票、房地产等资产价格。从 1976 年到 2019 年，黄金价格的年波动率为 25% 左右，高于同期的美国股票（16%）和房地产（18%），远高于同期的美国国债（11%）。可见，黄金的价格更不稳定。此外，当代社会经济波动如大海波涛，如果仍然坚持金属为币，货币供应量缺乏弹性，金融危机将是随时可见的事。

所以，那些倡导恢复金本位的，不是不学无术之辈，就是不肯睁眼看世界的闭门造车者。

钱荒：金属货币流通史上的主要矛盾

现在来看，金属货币流通，相比较当今信用货币，有两个劣处：一是货币供给缺乏弹性，二是钱不够用。

由于古代经济增长缓慢，再加上天灾人祸往往使经济减速，灾难后的社会经济即便迅速增长，也只是恢复性质，古时候较少长期的快速的经济增长表现。所以，古时候经济总量及其波动有限，社会经济对货币供给弹性的要求，不是太高。金属货币供给机制缺乏弹性的弱点没有更多地暴露出来。

所以，金属货币流通史上的主要矛盾，是钱荒。所谓钱荒，就是钱不够用。更准确地讲，钱荒并非流通中支付工具的缺乏，而是作为价格标准的货币在数量上的缺乏。

北宋神宗时期张方平说："公私上下并苦乏钱，百货不通，人情窘迫，谓之钱荒。"（《宋史》卷一百八十《食货志下二》）中国历代"钱荒"，都是指流通中铜钱的匮乏。具体分为两种情况，一种情况是流通中仅限铜钱一种货币，另一种情况是流通中有多种货币。事实上，不存在绝对的第一种情况，即使存在，由于市场规律的作用，在"钱荒"情况下也会迅速地过渡到第二种情况。所以，严格地讲，历代钱荒，是指流通中作为价格标准的货币在数量上的缺乏。

中国货币史上，作为货币金属的铜，长期供应不足，"钱荒"问题常常困扰商品流通。如形成于唐贞元年间的"钱荒"，历德宗、顺宗、宪宗、穆宗、敬宗、文宗六帝，持续了五六十年。当时"钱荒"的主要表现是通货紧缺，货币购买力直线上升，物价急剧下跌，绢每匹自四千文跌为八百文，粟米每斗自一百文跌到二十文，米每斗自二百文跌到五十文。五代时期，"钱荒"也是一个突出的问题。但与以前情况不同的是，市场中出现了几种弥补通货不足的办法。一是出现降低铸币成色的盗铸，在币材上杂以铅、锡，由于铸钱工艺简易，"大率铸钱杂铅、锡，则其液流速而易成"。二是江南恶钱流入。同光二年（公元924年）三月，知唐州晏骈安奏称，市肆间点检钱帛，内有锡镴小钱，拣得不少，皆是江南商人挟带而来。三是后晋天福三年（公元938年）十二月颁布放铸令，造成恶钱充斥市场。两宋时期的"钱荒"更为一个突出问题。清代"钱荒"问题也较明显，"银贱钱贵"，法律规定"钱千准银一两"，但实际在清代前期以及中期大部分时间内，纹银一两兑换铜钱数目均在千文以下。

概括地讲，早期的"钱荒"表现为通货的缺乏以及物价的下跌，即现代意义上的通货紧缩。而自五代以后，"钱荒"只有流通中铜钱缺乏的意思，不代表流通中通货的缺乏。否则无法理解一方面钱少，另一方面物价却不停上涨的现象。

两宋是中国历史上少有的良心皇朝，经济发展，文化繁荣，应当是中国古代经济文化发展成就的一个高峰。在经济社会管理上，两宋皇朝不论理念和做法，都是极高明的。就钱荒而言，他们大抵不会不知铸造不足值铜钱可以解决钱荒问题，事实上没有这样去做，说明当时人们对市场和客观经济规律的尊重，也是中华文明史上的一个高峰。

北宋时期的钱荒较具代表性。一是北宋政府管理铜钱比较严格。政府控制铸币权，且严禁所谓的"细小杂钱"流通，要求市场上通用铜钱，"每千钱须重四斤"，"每贯须重四斤半以上"。市面上流通的都是好钱。二是史家公议宋代所铸铜币数目为历代之最，宋太宗至道年间铸钱80万贯，宋真宗咸平三年（公元1000年）增至125万贯，景德中183万贯，至神宗元丰年间，北宋时代的铸钱达到了顶峰，元丰三年（公元1080年）为506万贯。而开元盛世时，唐代玄宗天宝年间铸钱仅31.7万贯。北宋时期，货币流通管理严格，政府大量供应钱币，钱仍然不够用，社会经济民生饱受钱荒之苦。

原因是铜钱流通的激励结构出了问题。

《续资治通鉴长编》卷二百八十三记载了北宋沈括与宋神宗之间关于"钱荒"的一次对话，较准确地概括了"钱荒"原因。宋神宗问，钱币匮乏的过失在哪里？沈括回答说，原因有八个。一是人口和经济总量的增加带来对货币需求的增加；二是铸币的自然损耗；三是（王安石）解除铜禁，铜的商品价格高于其作为货币的价钱，铜钱被销熔制作铜器获利；四是盐钞信用损坏，"劣币驱逐良币"，坏钞充斥市场，铜铸币退藏；五是金银没有作为货币进入流通；六是大量铜钱储存于常平仓，没能进入流通；七是铜钱外流严重；八是西北铁钱太多为患。

从这八条原因来看，所谓"钱荒"，当指流通中的铜钱量少。彭信威在《中国货币史》中谈道，"在熙宁、元丰年间，物价没有大的波动"（其意指上涨，笔者注）。汪圣铎在《两宋货币史》中也谈道，"钱荒"情况下，铜钱的购买力却没有相应提高，说明"钱荒"只是流通中的铜钱少，而非通货缺乏。整个宋代，在铸造钱币数量居历代之冠的情况下，钱荒与铜铸币的销熔、外流以及窖藏并存，只能说明流通中铜钱缺少，不能理解为通货缺乏。沈括总结的第一个原因是金属货币流通情况下无法解决的问题，即社会经济发展对货币数量增长的要求，会受到货币金属数量上自然法则的约束。

从现代的货币学知识来看，当时流通中的铜钱少，主要有三个原因。

一是"劣币驱逐良币"，相比盐钞及铁钱等，铜铸币当为良币。同一市场存在多种货币流通的条件下，劣币充斥市场，良币退藏（窖藏），符合经济规律。《桯史》卷三有一事例说，南宋秦桧当政时，"曹泳尹天府，民间以乏见镪（成串的钱）告，货壅莫售，日嚣而争，因白之桧"。秦桧深知其中原因，召来文思院官，告以钱法将变，命铸新夹锡样钱，"尽废见镪不用"，"富家闻之大窘，尽辇宿藏，争取金粟，物贾大昂，泉溢于市"。富人害怕现行货币废而不用造成损失，所以尽快使用贮藏的货币，使之流向市场，市场由缺钱变为"泉溢"。

可以看出，所谓"钱荒"与货币贮藏有着极为密切的关系。

二是铜钱外流。张方平评说熙宁七年（公元 1074 年）取消钱禁，据《续资治通鉴长编》卷二百六十九载，"以此边关重车而出，海舶饱载而回。……钱本中国宝货，今乃与四夷共享"。沈括在应对宋神宗钱荒问题时谈到"四夷皆仰中国之铜币，岁阑出塞外者不赀。……而牛羊之来于外国，皆私易以中国之实钱。如此之比，泄中国之钱于北者，岁不知其几何"（《续资治通鉴长编》卷二百八十三）。苏辙《栾城集》卷四十一中说："臣等窃见北界（辽）别无钱币，公私交易，并使本朝铜钱。沿边禁钱条法虽极深重，而利之所在，势无由止。"铜钱外流，亦经济规律使然。当货币流通超出其所在市场范围（或王权管辖范围）时，货币竞争遵循的规律就变为"良币驱逐劣币"，即只有好的货币（足值的货币）才能被不同市场间的交易者接受。宋代铜钱显然为良币，在当时国际贸易中使用宋朝铜钱，合乎交易各方利益。《日本史》所述镰仓幕府积极与南宋贸易的主要原因是获取南宋的铜钱，因为那时日本不铸造铜钱，国内流通的主要货币是宋铜钱，可为印证。

三是销熔。文献记载宋神宗在位时期铜钱铸行量比以前增加一倍以上，史家公议宋代所铸铜币数量为历代之最，此种背景下流通中铜钱缺少，民间销熔应为一大原因。唐代也是如此。在《白氏长庆集》中，白居易曾谈道，官家采铜铸钱，成一钱破数钱之费也，私家销钱为器，破一钱成数钱之利也。铸者有程，销者无限，虽官家之岁铸，岂能胜私家之日销乎？此所以天下之钱，日减而日重矣。

概括上述三个原因，"钱荒"的根本原因是铜钱流通的激励结构出了问题。铜铸币"物超所值"，导致宋代铜钱广泛应用于对外贸易，铜钱外流；国内市场上，在货币金属作为商品的属性与作为货币的属性之间的竞争中，毁钱铸器有利可图。戴振辉在《五代货币制度》一文中谈道，早在五代时，因铜器价钱好，民间多销铜钱制铜器出售获利。《群书考索》后集卷六十记载，南宋高宗时大臣们说："民以钱十文将铜一两铸为器皿，可得百五十文。"在经济利益驱使下，人们对毁钱铸器趋之若鹜，政府铸造再多的铜钱也无济于事。

历代应对"钱荒"的办法，首先是禁蓄钱，即禁止民间贮存钱币。

货币为流通之物，流通使用当为其本性，然古代民众误以货币为财富，故多有货币窖藏。古代中国金银窖藏为常态，铜钱窖藏多发生在铜钱为良币、禁铜以及战乱时。特别是经济发展不均衡时，货币向少数大地主、大商人集中，由于信用金融事业的缺乏，窖藏货币（或铸器）也有不得不为之的一面。中国的统治者较早就发现了窖藏给市场交换和经济发展带来的不便，历史上多次实行禁蓄钱政策。如唐代。元和三年（公元808年）宪宗下诏："泉货之法，义在通流，若钱有所壅，货当益贱。"元和十二年（公元817年）颁布《禁蓄钱令》，规定私贮现钱不得超过5000贯，超过的限一月内买物收贮，如钱数过多，则不得超过两个月。违犯的按不同身份定罪，平民要痛杖处死。文宗大和四年（公元830年）又规定蓄钱以7000贯为限，超过的，1万~10万贯的限一年内，10万~20万贯限两年内处置完毕。五代时也多有禁蓄钱（如公元924年后唐）、禁止私铸铜器的规定。《建炎以来系年要录》（卷一百八十二）记载，有人指出，当时（绍兴二十九年）富家积钱，多的"至累百钜万"，少的"亦不下数十万缗"，要求予以限制。户部奏准民户积钱不得超过1万缗，官户不得超过2万缗；超过两年不用来买物的拘捕入官，告发的有赏。

与禁蓄钱类似的，是历代禁止民间私铸铜器。西汉文帝时期，贾谊反对私人铸币，提出了"禁铜七福论"："何谓七福？上收铜勿令布，则民不铸钱，黥罪不积，一矣。伪钱不蕃，民不相疑，二矣。采铜铸作者反于耕田，三矣。铜毕归于上，上挟铜积以御轻重，钱轻则以术敛之，重则以术散之，货物必平，四矣。以作兵器，以假贵臣，多少有制，用别贵贱，五矣。以临万货，以调盈虚，以收奇羡，则官富实而末民困，六矣。制吾弃财，以与匈奴逐争其民，则敌必怀，七矣。"（《汉书》卷二十四《食货志下》）唐代也多次禁止民间私铸铜器，反复宣布禁令，比如，玄宗开元十七年（公元729年）、代宗大历七年（公元772年）、德宗贞元九年（公元793年）、宪宗元和元年（公元806年）、文宗太和三年（公元829年）的大规模铜禁。宋代就不用多说了。明代也是如此，《明史》卷八十一《食货志五》记载，明皇室对铜的使用严加限制，成祖初，"有销新旧钱及以铜造像制器者，罪比盗铸"。但实践中少有成效，原因似乎正如给事中殷正茂所言："两京铜价太高，铸钱得不偿费。"铜禁律令之严，首推清朝。顺治初年即令民间将旧有私钱、旧钱输官改铸，"限三月期毕输，逾期行使，罪之"。雍正时曾下旨禁止民间铸造铜制器皿。《清实录·世宗实录》卷四十记载，雍正四年（公元1726年）正月户部建议：除乐器等必须用黄铜铸造的器具外，其他器物一律不许再用黄铜制造；已成者，当作废铜交官，估价给值，倘有再造者，照违例造禁物治罪；失察官员及买用之人，亦照例议处。雍正批准实行。同年九月再下令，唯三品以上官员准用黄铜器具，其他一概禁止；所有铜器一律在三年内交清（《世宗实录》卷四十八）。十二月，雍正帝特谕京城文武百官、满汉军民人等交售铜器（《世宗实录》卷五十一），但收效甚微。乾隆朝铜禁更甚，先有"官非三品以上不听用，旧有铜器三年内输官"，后又"惟一品始听用，余悉禁之，藏匿私用，皆以违禁论"（《清史稿》卷一百二十四《食货志五·钱法》）。

货币史上禁蓄钱和铜禁的成效值得怀疑。事实上，都没有改变铜钱不足用之事实。法律和行政措施可以在短时期内缓解问题，不能长时期与经济运行规律相抗衡。解决经济问题，还是要从经济规律着手，关键是矫正货币流通的激励结构，在实现货币价格标准和支付手段统一的前提下，尽可能地缓解价格标准和支付手段对立的矛盾，让市场的力量引导经济行为指向正确的方向，而不是任凭主观热情胡干蛮干。

禁蓄钱和铜禁之外，对付流通中铜钱不足的办法，还有增加流通中的货币种类。

一是政府主动增加货币种类，如唐代强令钱帛兼行，宋代在特定区域行用铁钱，以及以金银特别是白银为支付手段，如神宗元丰初年，黄金岁课收入 10710 两，白银岁课收入 215385 两（李剑农《中国古代经济史稿》）。还有纸币进入流通等。二是市场自动出现可替代的货币，如私铸恶钱，南宋临安府使用过的"准五百文省"的"临安府行用"铜牌，元代流行使用的代币木牌、竹牌以及酒牌等。各种代用货币的出现，在方便了商品流通的同时，多种代币之间竞争，必会引起货币流通的混乱。

中国古代纸币：见证王朝兴衰

　　货币的本质，是其给持有人以信任。人们接受货币，是因为他们相信货币是财富，持有货币能够换来他们希望得到的东西。简单地讲，这种信任，有可能来自物（即货币金属），也有可能来自某种保证。货币史上，货币身上附带的保证，一般来自其与货币金属的可兑换性（银行券），有时也来自政府的信誉（纸币）。

　　政府信誉在货币史上的表现，莫过于古代中国的纸币制度了。在中国古代纸币流通过程中，货币本身价格标准与支付工具的对立冲突，表现得更加明显。中国古代纸币成功于其作为支付工具对铜钱的替代，失败于其过度发行损害了货币价格标准职能。当恶性通货膨胀到来之时，纸币币值不能维持下去，最终只能退出流通。

　　纸币制度在中西货币史上有明显差异。纸币最早在中国出现，领先西方六七百年。但纸币在古代中国流通的历史，却是反反复复地不成功，到清朝时，纸币甚至被统治者视为祸事。如嘉庆十九年（公元 1814 年）侍讲学士蔡之定奏请行用纸钞，嘉庆帝认为其妄言乱政，交部议处，嘉庆帝不许再谈纸币。

　　纸币史是中西隔绝的。与中国不同的是，纸币于 17 世纪在西欧出现后，便呈现旺盛的生命力，最终演化为当前世界通行的不兑现纸币流通制度。20世纪30年代南京国民政府的法币政策，还是从西方引进的。

这里面最大的原因，是中国古代的纸币只停留在代用货币阶段，中国古代纸币始终没有演化出独立的货币单位（计价标准）。用标准的货币定义来看，中国古代的纸币只能是代用货币（支付工具），附属于金属货币参与流通，严格意义上讲不是真正的纸币。

一般认为，货币的本质是信用。或者说，信用属性可以通约货币史上所有的货币形态。人类历史上出现的所有货币，（商品、金属）货币和纸币都可以称为信用货币。货币内含的信用主要有两个来源：物和权力。如同借贷需要抵押一样，货币的物的形态（即货币本位），不论是贝、帛、烟草、石块、铁、铜、银、金等，都是为货币提供信用保证（抵押）；权力更是直接，从远古的宗教文化一直过渡到如今的世俗政权，货币史上到处都有权力的烙印。由于货币流通也有经济（节约）方面的要求，货币内含的这两种信用保证，呈现互为补充的关系：权力不及，要求有充足的物的保证；物的保证不足，则必有强大的权力在后面支撑货币流通。沿着这个思路，货币本身所内含的物和权力因素的变化及相互作用，就构成了货币演化的历史。中国古代纸币演化更是如此。

在货币史研究方面，如果选择从货币的信用属性角度观察，一些长时间纠结在一起的问题，似乎一下子就简单了许多。比如说中国古代货币本位升级不足（长期停滞在铜本位），事实上就是货币所内含的物的信用保证不足，而这种不足必为历史上长期稳定的政府权力因素提供的信用保障所补充。接下来的分析也能证明，我国货币演进从"外生货币"向"内生货币"转换过程的缺失，与历史上货币内含的政府权力过多一脉相承，是外生的纸币流通抑制了当时的信用金融活动。

一、中国古代纸币流通概况

北宋初年，四川成都出现了专为携带巨款的商人经营现钱保管业务的"交子铺户"，私交子开始流通。宋仁宗天圣元年（公元 1023 年），朝廷设益州交子务，交子正式成为官方发行的流通纸币。此后，南宋、金、元、明、清都曾流通国家纸币。南宋有关子、会子、钱引和多种地方性纸币，金朝有交钞、贞祐宝券等，元朝有中统元宝交钞、至元宝钞、至正交钞等，明朝有大明宝钞，清朝有顺治年间的钞贯、咸丰官票宝钞等。

根据汪圣铎《宋代财政与商品经济发展》一文，宋代历年纸币发行数量简略如下：1023 年发行交子 125 万贯，1072年发行交子 251 万贯，1094 年发行交子 281 万贯，1098 年发行交子 377 万贯，1102 年发行交子 777 万贯，1107 年发行钱引 538 万贯，1128 年发行钱引 377 万贯，1168 年发行会子2000 万贯、钱引 4000 万贯，1174~1189 年发行会子 4000 万贯、钱引 4500 万贯，1190~1194 年发行会子 8000 万贯、钱引 7000 万贯，1234 年发行会子 25000 万贯、钱引 17000 万贯，1253~1258 年发行会子 64000 万贯、钱引 26000 万贯。单凭纸币发行量的变化，我们就能看出，纸币流通发生了什么事情。

全汉昇《元代的纸币》一文讲道，元代纸币不分界，每年纸币发行的数量，自数十万至数百万不等，由中统元年（公元 1260 年）至顺帝至正十六年（公元 1356 年），共 97 年，而纸钞累积数 6000 万锭。《元史》卷九十三《食货志一·钞法》有历年的纸币发行额，至元十二年（公元 1275 年）纸币发行不到 40 万锭，十三年（公元 1276 年）就增加到 100 万锭以上。中统钞发行最高额是至元二十三年（公元 1286 年）218 万锭，至元钞发行最高额为皇庆元年（公元 1312 年）222 万锭。武宗（海山）至大三年（公元 1310 年）至大钞 145 万锭。

历代纸币的券别结构。明代曹学佺《蜀中广记》卷六十七《方物记第九·交子》记载，自宋仁宗天圣元年（公元 1023 年）交子改由官办后，交子的面额有所固定。起初交子的面额还是临时填写，有一定等级，自一贯至十贯；宝元二年（公元 1039 年）改为十贯和五贯两种，并规定发行额中，八成是十贯的，两成是五贯的。到神宗熙宁元年（公元 1068 年），又改为一贯和五百文两种，六成为一贯的，四成为五百文的。不仅交子如此，南宋和金的纸币也是大面值的。如会子，最初以一贯为一会，孝宗隆兴元年（公元 1163 年）增发了五百文、三百文、二百文三种。金朝发行交钞，分大钞、小钞两类，和辽、宋旧钱及后来金自己发行的铜钱并行。金的大钞分一贯、二贯、三贯、五贯、十贯五种；小钞分一百文、二百文、三百文、五百文、七百文五种。元代的纸币有二贯、一贯、五百文、三百文、二百文、一百文面额的，这和宋、金纸币面额大体一致。元代纸币面额和宋、金不一致的是发行了十文、二十文、三十文、五十文的小钞，甚至发行过二文、三文、五文的厘钞，可以看出元代实行的是纯纸币制度。洪武八年（公元1375年），明政府开始发行"大明宝钞"，钞面以钱文计，分一贯、一百文、二百文、三百文、四百文、五百文等。洪武二十二年（公元1389年）曾加印过十文至五十文的小钞。洪武十年（公元1377年）复设行钞时罢废的宝泉局，铸小钱与钞兼行，并具体规定百文以下的交易支付专用铜钱。清咸丰三年（公元1853年）五月印发"户部官票"，以银两为单位，分成一两、三两、五两、十两、五十两等若干种面额。同年十一月，又发行"大清宝钞"，以制钱为单位，面额很多，从二百五十文到五十千文、一百千文不等。

历代纸币分别以铁钱、铜钱或银两为货币单位。北宋四川等地交子以铁钱为货币单位，南宋会子多以铜钱为货币单位，金代交钞以铜钱为货币单位，元代纸币多以银两为货币单位，大明宝钞以铜钱和银两为货币单位，清代咸丰官票以银两为单位，大清宝钞以铜钱为货币单位。很明显，古代纸币的货币单位因袭当时金属货币流通，纸币以流通中的金属为货币单位，基本上还是处于铜本位的范畴之内。

历代纸币流通大致情况如下。北宋官交子可以兑现成金、银、钱以及度牒，而流通范围基本上只限于四川、陕西、河东（今山西一带）。南宋会子基本上通行全国，金国交钞流通范围也较广。宋、金纸币主要是大额交易使用，目的是弥补金属货币之不足、不便，不论其发行数额多少，始终都没有取代铜铸币。元代是中国古代纸币发展的极盛时代，始终行用纸币，元代纸币不分界，不定期限，永久通用；不限地域，可在全国流通；由中央统一规定发行和管理制度；一开始比较注重调节钞券的流通数量，形成了世界上最早的纯纸币制度，虽然有铸币流通，但和前代相反，铸币成了辅助货币，而且数额极少。在元朝最强盛的时候，北尽蒙古，西贯中亚，纸币均通行无阻。明代钱钞兼行，大明宝钞始终由中央政府统一发行，名称、形制均无变化，钞上所印年号也一直是"洪武"。宝钞不分界，不定发行限额，不限时间，不分地区，没有发行准备金，也从不提及兑现。自始至终是不兑换纸币，政府只发不收，宝钞信誉差，贬值速度快，到孝宗年间，纸币制度已名存实亡，形成了"积之市肆，过者不顾"的局面，基本上退出了流通领域。清政府纸币流通仅有两次（清末发行银行兑换券另当别论），清初顺治发行的钞贯，流通十年便退出流通。后来咸丰官票宝钞发行流通不到十年，便几乎成为废纸，不得不退出流通。

简单地讲，古代纸币流通稳定，有两个基本条件，一是要及时足额兑现，二是要控制纸币发行数量。这两个条件具备一个，就能实现纸币稳定流通。有时在纸币流通已见紊乱时用兑现来回笼纸币，效果尤其好。尽管道理如此简单，但实践中少有做到，古代纸币流通稳定的事实大概仅有以下几种记载。

北宋发行交子早期，官交子发行管理办法和相关政策，基本上符合可兑换纸币流通的规律。据《宋朝事实》卷十五记载，天圣元年（公元 1023 年）益州知州薛田在向朝廷呈报发行官交子的奏章中，提出的交子发行管理办法，目的就在于保证交子的兑换。自官交子发行流通以来，朝野间较普遍的认识是官交子要有充足的发行准备，能够及时足额兑换。如庆历年间，文彦博认为，发行交子是公私两利之事。于"公"而言，"岁获公利甚厚"，可弥补财政之不足；于"私"而言，交子"便于赍持转易"，有利于民间交易和经济发展。若交子不能兑换，政府会断了这一丰厚的财源，老百姓也会蒙受损失，更严重的是人们不敢继续使用纸币，会妨碍民间交易发展。文献记载，从天圣二年（公元 1024 年）发行第一界官交子到哲宗时期七十多年间，交子币值比较稳定（神宗、哲宗时期贬值幅度在 10% 左右）。自徽宗时期（公元 1101 年始），就开始滥发交子，大观元年（公元 1107 年），交子实际投放量为天圣时期的 40 余倍。《宋史》卷一百八十一《食货志下三》记载："大观中，不蓄本钱而增造无艺，至引一缗当钱十数。"纸币一贯贬值到只值十文钱，尚不足换界兑换时需要缴纳的3%手续费，这样的纸币只能是形同废纸，无法继续流通。大观三年（公元1109年）不得不宣布已发行的交子全部作废，"诏钱引四十一界至四十二界毋收易，自后止如天圣额书放"。

南宋历史上纸币流通稳定为孝宗时期。史载宋孝宗（公元1127~1194年）是一位励精图治的皇帝。隆兴二年（公元1164年）宋、金达成和议，孝宗有条件着手解决社会经济问题。在纸币问题上，他曾说过"朕以会子之故，几乎十年睡不着"。话虽夸张，足见他对纸币问题的重视。他在位期间（1162~1189年），通过限制纸币发行的数量，用白银兑现，用度牒、助教帖收兑会子，规定输纳时"钱会中半"等措施提升原本贬值的纸币币值，同时，他三令五申不许增加纸币发行量。经过数年之努力，取得良好效果，出现了"商旅往来，贸易竞用会子"景象。淳熙年间的会子流通，曾被朝臣们誉为"楮币重于黄金"、会子"重于见钱"。十多年后，市场现"军民不要见钱，却要会子"的情况。孝宗在总结经验时明确表示，上述局面是他严格控制纸币发行量的结果："朕若不爱惜会子，散出过多，岂能如今日之重耶。"真是一个善于管理货币的好皇帝。

元世祖中统元年（公元1260年），发行中统元宝交钞来统一各地的货币，充实发行准备金，控制纸币流通数量，准许以钞纳税，中统钞深受欢迎，百姓甚至"视钞重于金银"，结果物价稳中有降。但是，这样的情况不过维持了二十年左右。

历代纸币流通，币值变动较有规律，一般情况是，开始时币值贬值较慢，随着纸币流通时间顺延，币值贬值速度越来越快，最后"形同废纸"，或随朝代覆灭而消失，或被提前逐出流通领域。宋人吴潜曾说金末"百缗之楮止可以易一面"，元初耶律楚材说金末"万贯唯易一饼"。到元朝末年，纸币干脆直接退出流通，"民间拒用"，一饼也难换来了。大明宝钞行用，到英宗正统以后，已经不能在市场上通行。清代前后两次发行纸币，每次仅仅行用十年左右。古代纸币的寿命是愈行愈短。

千家驹、郭彦岗在《中国货币演变史》上记载了大明宝钞贬值概况。从 1375 年到 1618 年，200 多年间，大明宝钞贬值一万倍！

综观中国古代纸币，从宋代交子到清代咸丰官票宝钞 800 多年时间里，历代统治者发行纸币，都由国家政权强制实施，国家既少（无）发行准备金做保证，缺乏经济基础，又不能关照市场需求、有效管理纸币流通。结果纸币终为一张废纸，为市场所排斥。各朝代纸币均是币值稳定时间短，贬值时间长，最后都彻底失败，大多伴随着恶性通货膨胀与政权一起消亡。

二、中国古代纸币的物的维度

所谓纸币的物的维度，即纸币发行的物的准备，也即纸币能否兑现货币金属或者其他实物。

纸币多有兑现的规定。北宋的官交子起初可以兑现，有兑现准备。北宋一代，交子发行有"钞本"为多，无"钞本"为少。史载无"钞本"的纸币发行大概包含：仁宗庆历年间（公元 1041~1048 年）益州交子务在陕西发行交子 60 万贯；大观三年（公元 1109 年）改四川交子为钱引。北宋时期四川发行交子每界以 36 万缗铁钱为"钞本"，约占纸币发行额的 28.66%。宋神宗时期皮公弼曾说"交子之法，以方寸之纸，飞钱致远，然不积本钱，亦不得以空文行"。这一观点在当时具有代表性。《续资治通鉴长编》卷二百七十二载熙宁八年（公元 1075 年），神宗与吕惠卿、王安石的对话："上曰：交子自是钱对，盐钞自以盐对，两者自不相妨。石曰：怎得许多做本？上曰：但出纳尽，使民间信之，自不消本。金曰：始初须要本，俟信后，然后带得行。"这段对话表露出当时决策者对行用交子需要发行准备金存在共识。南宋高宗绍兴六年（公元 1136 年）政府在没有筹集发行准备金的情况下，准备造 150 万缗交子充当枈本，一时间舆论哗然。其中见于记载的有，右谏议大夫赵霈、翰林学士胡交修、礼部尚书李光、知洪州前宰相李纲以及三个没有记载姓名的发言者。有关意见较好地总结了前期纸币发行流通的经验教训：只有具备充足准备金实行完全可兑换的纸币制度，才是利国利民又较为稳妥的货币制度。这次论争的结果是反对发行不兑现交子的意见占了上风，朝廷五月罢交子务，"遂复为关子"。此后，南宋时期的纸币发行流通，"悉视川钱法行之东南诸路"，采用北宋官交子的发行管理办法。《宋史》卷一百八十一《食货志下三》载，高宗绍兴六年（公元 1136 年），"诏置行在交子务。臣僚言：……官无本钱，民何以信？"《文献通考》卷九《钱币考二》记载："昔高宗因论四川交子，最善沈该称提之说，谓官中尝有钱百万缗，如交子价减，即官用钱自买，方得无弊。"也强调纸币发行的准备金问题。

在纸币的发行准备上，有无发行准备对纸币流通稳定性而言是至关重要的。有意思的是，在发行准备率上，是十足准备还是部分准备，古人的有些见解难能可贵。事实上，四川官交子一开始就不是十足的发行准备制度，每界发行交子125.6 万缗，备本钱 36 万缗，发行准备率约为 28.66%。

北宋末年，周行己最早解释了为何不需要十足的发行准备。他说，发行纸币"国家常有三一之利。盖必有水火之失，盗贼之虞，往来之积，常居其一。是以岁出交子公据，常以二分之实，可为三分之用"。周行己提出的"往来之积"，是指一定量的纸币，由于行用必须不断地处在流通之中不会要求兑换（类似于当前银行的活期存款大体上会有一个稳定的、不支取的余额留在银行账户里）。这在货币流通思想史上，是很了不起的观点，与"循环出入，钱少而用多"的观点，其实是一个问题的不同表述，只不过周行己说得没有后者直接明白。相比之下，李纲的"常预桩留本钱百万贯，以权三百万贯交子"，对实践经验的概括更为精确。从货币思想史上来看，古代中国很早就认识到纸币发行部分准备的现实，并能从理论上予以阐释，实在令人惊叹不已。六七百年后，西方最早发行的可兑现纸币，一般还都是十足的金属准备。实际上，可兑现纸币发行不需要十足准备，既是纸币流通经验的总结，也是纸币正常流通情况下发挥流通优势的必然。当然，宋代也有主张纸币发行十足准备的，比如哲宗时期鲁布就主张十足准备，绍圣二年（公元1095年），鲁布在反对哲宗广泛推行交子法时说，"交子须有现钱相当乃可行"。

南宋会子有时可以兑金、银、钱币或盐、茶等商品，但后来发行的行在会子、淮交、湖会、川引等，都是钞本极少或干脆无钞本。元代发行中统钞时，以白银为钞本，并规定在各省设立钞库，应有十足的白银准备，准许兑现。当时负责行钞的官员，"讲究扶持，日夜战兢，如捧破釜，惟恐失堕，行十七八年，钞法无少低昂"。但这种状况只维持了二十年左右。至元年间，阿合马擅权，将各地平准库的金银尽数运往大都，以致"民所行皆无本之钞，以至物价腾踊，奚止十倍"（《吴文正集》卷八十八）。

古代纸币自宋代交子施行至元代已有三百余年，不论有无发行准备，宋、金两朝政府均未公开宣称纸币不兑现。古代中国法定的不兑换纸币，始于元代。元代开始还有形式上的兑现规定，后来干脆直接宣布不兑现。明朝及以后也实行不兑现纸币。

古代纸币可兑现的意义，在于取得信任。"行使之日，赍至请钱者，不以多少，即时给付。则民无疑心，而行之可久矣"（《建炎以来系年要录》卷一百〇一）。只要纸币能够随时足额兑现，便可通行无阻。政府能够承诺兑现并能践行兑现，民间会安心持有纸币反而不求兑现，行用纸币方可收到"钱少而用多"之利；若政府不能兑现，民间就会视纸币为"烫手山芋"，不得已收之也会快速出手，这种情况下就收不到"钱少而用多"的"循环之利"。

中国古代纸币发行准备制度或兑现制度，在维持市场对纸币信心的同时，更深一层的意义是，以有限之物约束统治者无限之欲望，起到约束统治者行为（杜绝滥发纸币）的作用。如果纸币发行没有准备制度，不能兑现，政府发行纸币的权力就没有约束，没有约束的权力在无限之欲望的熏染下，只能是"交子之法大坏"。历史上不兑现纸币流通的结果，毫无例外地都是恶性通货膨胀，祸国殃民。因此，物的维度是观察纸币流通是否稳定的重要维度，古代纸币流通，其稳定性主要取决于是否可兑现，凡可兑现之纸币，均可稳定流通。遗憾的是，在古代纸币流通的大多数时间里，物的这一维度往往是缺失的，即便政府有明文规定，也多形同虚设。

三、中国古代纸币的权力维度

所谓纸币的权力维度，是指由国家权力或国家信用赋予纸币的信用。

交子最初起于民间，是铁钱的代用券。后因种种因素，信誉失落，由政府接管交子铺，垄断发行。后来各种纸币逐次登场，有些纸币完全可兑现，有些纸币名义上可兑现但实际上不可兑现，再后来更是名义上也不可兑现了。但这些纸币都曾在市场流通。可兑现纸币身上，不仅有物的保证，也有政府信誉担保；不可兑现纸币，其流通完全靠政府信誉。

希克斯在《经济史理论》中谈道，金属铸币上面打下了国家的烙印。吕底亚国王克罗塞斯铸造货币的行为，与商人在汇票上签名，为汇票偿还提供担保的道理是一样的。国王铸造货币是为铸币的重量和成色担保，使货币为众所公认，更受欢迎。如果国家铸造货币是为了向市场提供一个足值的金属块证明的话，不足值铸币长期流通的事实，则反映了市场对这种证明的认可和接受，被政府打上烙印的不足值铸币就会像足值的铸币那样一直流通下去。所谓"国家定制当百则百，当千则千，谁敢有违"。咸丰甚至在朱批中写"畅行与否，全视在上之信与不信"，此语虽是说当年咸丰帝铸行大钱，但用在纸币上也似有几分道理。

古代中国历代纸币都是国家管理纸币。宋代发行官交子时，就确定了交子的管理制度，主要有以下内容：一是有一定的流通期限，以三年为一界；二是发行限额，每界125.634万缗；三是有一定的发行准备金，一界为铁钱36万缗；四是可兑换，兑现时一贯交纸墨费三十钱；五是限定流通区域，限于四川，后也曾在陕西间或使用。神宗熙宁初年，为保证交子正常流通，政府又颁行了伪造交子法。高宗绍兴三十二年（公元1162年）又定伪造会子法，印于票面："敕伪造会子犯人处斩，赏钱一千贯。如不愿支赏，与补进义校尉。若徒中及窝藏之家能自告首，特与免罪，亦支上件赏钱，或愿补前项名目者听。"

元代钞法号称完善，叶李制定的《至元宝钞通行条画》，是世界货币史上最早出现的比较完备的不兑现纸币条例，所包括的内容十分广泛，几乎近代不兑现纸币流通制度的主要规定和基本原理都有所涉及。元代纸币管理的主要特点，一是管理机构健全。中央由户部主管，户部设宝钞总库司贮藏，设印造宝钞库司制作，设烧钞库司焚毁昏烂宝钞，地方设宝钞提举司。二是注重物价。各地设平准库，给钞一万二千锭为本，用作调剂物价，维持钞值，并负责买卖金银，倒换昏钞。三是准备金充足（仅限于前期）。各地领取新钞，必须先交金银为本，集中全国现银于国库，旨在安定人心。四是钞法细密。除伪造首谋及参与伪造者并处死外，还立有分用伪钞罪、改钞补钞罪、阻滞钞法罪、奉法不虔罪、不昏为昏罪等。伪造处理细则，见于《元史》卷一百〇五《刑法四·诈伪》的就有12条之多。

明代钞法主要内容有以下几方面。一是设置宝钞管理机构：宝钞提举司。该机构始设立于洪武七年（公元1374年）九月，所属有钞纸、印钞二局和宝钞、行用二库。二是规定宝钞形态和币制，除洪武二十二年（公元 1389 年）四月，增造十文至五十文小钞外，终明一代宝钞形制基本无变化。三是规定宝钞价值、使用范围等。其中钞的价值最初规定为每钞一贯准铜钱一千或银一两。使用范围是商品流通中不受限制，征收商税课程则钱钞兼收，钱什三，钞什七，一百文以下则只用铜钱。四是禁止其他货币流通，"禁民间无以金银交易"，还禁铜钱。《明太祖实录》卷二百三十四洪武二十七年（公元 1394 年）八月丙戌记载，"限半月内，凡军民商贾所有铜钱，悉送赴官，敢有私自行使及埋藏弃毁者，罪之"。明代发行纸币无钞本、无限额，多发行、少回收，政府用钞支付官俸军饷、收购民间物资，而征税仅搭少量宝钞，导致市场上流通纸钞过多。此外，钞法缺少必要的稳定性和连续性，如，实行钞法之初，禁止民间买卖金银，第二年便下令税粮可以银代输；洪武（公元 1394 年）二十七年禁行钱，专用钞，变更钱钞兼行旧法，此后禁钱令未解除，便又一再铸造铜钱；等等。

历代政府稳定纸币流通的办法。一是兑现。这是最有效的办法，但也是历代较少采用的办法。原因多为纸币由财政发行，政府无力也不愿兑现。二是回笼纸币。历代政府都规定纸币对政府的支付办法，元朝后来实行纯粹的纸币流通制度，老百姓可以用纸币来交纳全部货币赋税，其他朝代一般都可以用纸币交纳部分赋税，如南宋时的"钱楮各半"，明代的"钱什三，钞什七"。三是控制纸币发行数量，如宋孝宗将自己管理纸币的经验概括为"大凡行用会子，少则重，多则轻"。宋代多有最高发行额的规定，但没有坚持到底。元初时耶律楚材主张以印造万贯为限，最终也没有落实。四是运用严刑苛法稳定纸币流通。如金朝贞祐年间，太子少保张行信认为纸币"不宜更造，但严立不行之罪足矣"。吏部尚书温迪罕思敬则认为是各级官吏执行不力，只要对各级官吏严格要求，施以刑罚，就能解决问题。他建议赋予朝廷派出的使臣有便宜行事之权，"凡外路四品以下官皆许杖决，三品以上奏闻，仍付监察二人驰驿往来，法不必变，民不必征，一号令之，可使上下无不奉法。如其不然，请就重刑"（《金史》卷四十八《食货志三·钱币》）。五是严惩伪造纸币者。各代都对伪造纸币者立法严惩，如元代至元十五年（公元1278年）规定伪造纸币者不论首从都要处死，原来是只处死首犯；至元十七年（公元1280年）规定无论伪造纸币像与不像都要处死，原来是只处死伪造得像的人，伪造得不像的流放远地。

历代纸币贬值后，政府也多采用补救措施，史称"称提"。一是兑现。二是政府出售物品收兑，如南宋曾用茶、盐、香、矾、酒、绢等回笼纸币。三是出售进纳、浩救、度牒、紫衣、师号、见钱公据等六种公认的有价证券回笼纸币。四是增税，如明洪熙元年（公元1425年）正月，"请于市肆各色门摊内量度轻重，加其课钞"，通过增市肆门摊课程回笼纸币。五是用纸币赎罪，明景泰元年（1450年）规定，受笞刑的罪犯，笞五十杖以内的，每十杖可用钞二百贯输赎；六十杖至一百杖的，每十杖用三百贯输赎。六是发新钞，一贯新钞兑换旧钞若干，让旧钞贬值，宋元时期政府多行此道。或者是让旧钞直接作废，如北宋大观年间曾废止第四十一和四十二界交子。

政府权力支撑下的纸币流通，其稳定性取决于权力的效率以及政府管理纸币的能力和方法。南宋杨冠卿作《重楮币说》，较好地总结了政府在纸币流通中的责任。他认为，纸币在流通中出现了问题，责任应当在政府。"欲使民之视铜如楮，视楮如铜，此其原不在乎下而在乎上"（《客亭类稿》卷九）。从信用关系上讲，古代政府发行纸币，是以其自身信誉为担保向民间负债，纸币当视为政府的债务凭证。一是政府作为债务人，发行多少纸币，主动权在政府而不在民间。流通中纸币泛滥，责任只能在政府。二是政府强制民间认购其债务（纸币），"官务之支取……徒易以楮"。而"天下之输税，不责以楮而必责以钱"，不愿履行向民间偿还债务的义务（即在征收赋税时不要纸币只要铜钱），民间自然就会不信任纸币，纸币就难以稳定流通。

既然纸币贬值问题在政府，解决纸币稳定流通问题的责任也应当在政府。杨冠卿在这一问题上的看法中肯，言亦犀利。他在文中总结的稳定纸币流通的两个办法，一是赋税收入时回笼纸币，可以随民之便取代钱币交纳。二是政府控制纸币数量，"贱则官出金以收之，而不使常贱；贵则官散之，以示其称提"。多则收，少则散，维持纸币币值稳定，也是古代纸币流通史上纸币"称提"最有效的方法。

杨冠卿认为有贮藏价值的铜钱为实，没有贮藏价值的纸币为虚，从而提出"钱楮虚实说"，为实之有贮藏价值的铜钱长于被退藏，为虚之没有贮藏价值的纸币长于流通。革纸币"兑折""有售而不乐取"等弊，扬纸币长于流通之便，只能是政府要"重楮"，要想办法树立纸币的信誉，稳定纸币的币值。

一般而言，古代政府行政效率较高时，哪怕是纸币发行没有物的准备，纸币也能进入市场流通，如元代后来实行的纯纸币制度，明初发行的大明宝钞等。但要实现纸币流通稳定，一是要求政府保证纸币可兑现，二是要有效控制流通中的纸币数量。二者居其一时，纸币就能实现稳定流通。遗憾的是，历代政府迫于财政压力，很少能做到，即使做到，也不能长期维持。在纸币贬值时，历代政府往往寄希望于严刑苛法，结果如清代王茂荫所言，"国家定制，当百则百，当千则千，谁敢有违？是诚然矣，然官能定钱之值，而不能限物之值"（《王侍郎奏议》卷六《论行大钱折》），或是如《春明梦余录》卷三十八所载"京商骚然，绸缎各铺皆卷箧而去"的局面，亦不能维持纸币稳定流通。

四、为什么纸币最早在中国流通

史家多认为纸币滥觞于金属货币代用物——纸券。如唐代中期宪宗年间的"飞钱"。彭信威《中国货币史》分析过唐代飞钱产生的原因：钱币缺乏；因钱少各地渐有禁钱出境；税场多，税款常须移转；商业发达，百姓渐觉铜钱携带不便等。这里面有经济因素（商业发达、钱币不足、携带不便），也有非经济因素（各地禁钱出境）。"飞钱"等纸制信用工具的出现，应当为中国古代纸币的滥觞。

北宋时交子流通的直接原因，一是钱不够用，二是铁钱使用不便。

北宋"钱荒"众所周知。主要原因有四，一是市场交换扩大，二是政府财政较多由货币收支（相比过去较多实物形式收支），三是铸币外流严重，四是销熔（有时铜的商品价格高于其作为货币的价钱）。

北宋时四川一地通用铁钱，也是经济、政治原因参半。一是后蜀时期四川就铸行铁钱；二是宋灭掉后蜀以后对蜀地疯狂掠夺，将铜钱运送汴京，四川等地就只能主要行用铁钱了。交子产生的直接原因，据史载是成都等地行用铁钱不便。据《宋朝事实》卷十五载述："川界用铁钱，小钱每十贯重六十五斤，折大钱一贯，重十二斤，街市买卖至三五贯文，即难以携持。"远途货币运输更是所费惊人，《续资治通鉴长编》卷三百四十四记载神宗元丰七年（公元 1084 年），自陕府搬铁钱一万贯至秦州，计用脚钱 2690 余贯。运费超过所运货币的四分之一。

社会经济发展到一定程度，只要有可能，就会有市场交换，就需要交换的媒介物。货币史的规律是，"当国家不能履行其提供合适的法定货币的基本职能时，社会寻求创造自己的货币"（《西欧金融史》），"即使制度化的通货供给突然瘫痪，人们也会灵敏地做出反应，创造出货币"（《货币制度的世界史：解读"非对称性"》）。最初私交子的产生也并非什么了不起的壮举，只是市场内生自发秩序的一种体现。它碰巧采用了纸这种介质，而不像世界上其他地方曾经以烟草或其他物资为介质，也许就如汤因比在《历史研究》中所讲的，这种状况与中国的造纸和印刷两大发明有关。另据李秉衡《纸在宋代的特殊用途》一文中所讲，宋代造纸技术已经相当发达，纸可作为衣服料、被子料及账料，坚固耐用，且价格便宜，一般平民即可使用。

纸币一跃登上古代中国货币史舞台，前后 800 多年里反复进出流通领域，主要推手是政府。最初交子由民间自由筹办，景德年间（公元 1004~1007 年），益州知州张泳对交子铺户进行整顿，由成都 16 户富商联合建立交子铺，发行交子。后因商户衰败，交子不能兑现，激起事端，政府下令禁止私人印刷和发行交子，将纸币的发行权收归政府，由国家垄断发行。宋仁宗天圣元年（公元 1023 年），朝廷设益州交子务，交子正式成为官方发行的流通纸币。后来，朝廷曾两次试图将四川的交子之法推广到河东、陕西以及其他地区，均不甚顺利。到了南宋，纸币（会子）流通才从四川一隅推广到了全国。

纸币为何最早在中国流通？经济上的需要只能是一个诱

因。有关文献多以宋代商品经济发展对货币需求急剧增长，以及信用关系的发展来解释北宋交子产生的原因，恐难契合历史事实。宋代虽然经济较为发达，但经济的货币化程度很难乐观，实物形态仍主宰着社会经济关系的许多方面；贵金属白银仅部分货币化，离贵金属在流通中的"符号化"显然还有很大距离；铜钱作为主币，基本上处于足值货币的范畴，也未开始符号化等。这些都说明，当时的经济及信用发展水平还不足以支撑货币符号的流通。

寻找纸币最早在中国流通的原因，政府是关键。问题的关键在于，当市场创新代用货币交子后，政府为何要强制推行纸币，以及政府为何能够强制推行纸币。

货币的作用是跨越时空配置资源。在社会经济可容忍的范围内，资源配置要由货币来引导，谁掌控了货币，谁就掌控了经济资源。在古代中国，统治者很早就关注了货币发行权问题，历史上曾经出现多次关于货币发行权的争论，如西汉的两次争论、唐玄宗开元二十二年（公元734年）的争论，结论都是中央政府集中货币铸造发行权力。《皇明经世文编》卷二百九十九《讲求财用疏》讲："钱者权也，人主操富贵之权，以役使奔走乎天下。"纸币更是如此，相对金属铸币，纸币的制造成本更低，流动性更强，集中资源的能力更强，统治者操纵更为方便自由。所以纸币面世后，政府即行垄断、大力推行。《续资治通鉴长编》卷二百二十一载，早在熙宁四年（公元1071年），宰相文彦博谈道："行用交子不便。"宋神宗坦言："行交子诚非得已，若素有法制，财用既足，则不须此。今未能然，是以急难不能无有不已之事。"历代朝廷发行纸币少有为发展经济与民生计，而是以纸钞无偿征收民间财物，把发钞作为筹措军费解决财政困难的手段，"自来遇岁计有阙，即添支钱引补助"（《宋史》卷三百七十四《李迨传》）。

明崇祯年间，户部曾议行钞法的诸多好处："一曰造之之本省，二曰行之之途广，三曰赍之也轻，四曰藏之也简，五曰无成色之好丑，六曰无称兑之轻重，七曰无工匠之奸偷，八曰无盗贼之窥伺，九曰不用钱用钞，则铜悉可以铸军器，十曰钞法行，则民间贸易不用银，天下之银可尽入内库。"（《浪迹丛谈·请行钞法》）行钞的要害显然是"天下之银可尽入内库"。清道光年间王鎏一言道破天机："凡以他物为币皆有尽，惟钞则无尽，造百万即百万，造千万即千万，则操不涸之财源。"（《钱币刍言·钱钞议一》）在他们眼中，纸币是国家"操不涸之财源"。

利益诱惑只是行为的动因，从想干到能干到干成，必有中国独特的背景原因。

笔者认为，一是中国社会结构是一个纵向社会结构，社会信任链条也必然是纵向的。政府处于社会金字塔结构的顶层，庞大的社会根基，亿万升斗小民，超越亲朋好友交往圈子的信任，更多是靠政府来"兜着"。西欧有"不出代议士不纳税"，而古代中国是"民不出租赋则诛"。西欧各国在十字军东征期间欠了商人大量债务，封建君主为了还债，同时为了取得更多的税收和借款，不得不向工商业者做各种让步，其中最重要的让步是建立有工商业者参加的议政会（即现代议会的前身）。现代金融市场和金融体制建立的催生因素，就是西欧政府的借贷行为。但是，在古代中国，特别是汉武帝之后，少有政府向民间借款的记录。社会上所有的财富，在政府眼中，如同北宋前期统治者认为，"富室连我阡陌，为国守财耳。缓急盗贼窃发，边境扰动，兼并之财，乐于输纳，皆我之物"（《历代兵制》卷八）。自秦始皇到清末，虽时有王朝更替，但社会弱势、政府强势的局面始终没有改变。"民之弊官吏可治之，官吏之弊商民不得而违之也"，"从古以来，都是人随王法草随风，官家说了算"。正是这种特殊的社会结构，决定了政府有能力超出经济发展水平的限制在社会上推行纸币。

二是古代中国社会经济发展水平远远高于周边地区。在缺乏来自邻国货币竞争的情况下，货币演化缺乏动力，便停滞不前，这种情况下容易推广纸币。且历代政府对内治理能力和市场管理控制能力都比较强，纸币即使不断贬值，事实上大多数时间也能在市场上折价流通。

三是货币名目思想在中国货币思想史上一直占据上风，纸币流通有思想基础。西汉晁错在《论贵粟疏》中道："夫珠玉金银，饥不能食，寒不可衣，然而众贵之者，以上用之故也。"（《汉书》卷二十四《食货志上》）这种思想在古代中国很有市场，著名的西汉盐铁会议，确立了货币国定的主导言论。既然"上"可将"百无一用"的金银用之为货币，为何不能将纸作为货币呢？辛弃疾的看法有代表性："世俗徒见铜可贵而楮可贱，不知其寒不可衣，饥不可食，铜楮其实一也。"（《历代名臣奏议》卷二百七十二）

四是政府具有一定的管理纸币的技术。政府发行纸币，均有较完备的钞法，其中至元二十四年（公元 1287 年）三月颁行的《至元宝钞通行条画》最为知名。纸币进入流通之初，多有可兑现的规定，以取得民间信任，随着纸币发行量扩大，发行准备不足，纸币才逐渐成为不可兑现货币。历代国家都规定纸币的支付办法，如用纸币缴纳赋税，在元朝纸币可用来缴纳全部赋税。当纸币贬值后，政府多采用一定措施稳定币值，诸如南宋曾出售茶、盐、香、矾、酒、绢等回笼货币，明朝永乐年间曾实行户口食盐法回收宝钞，南宋曾多次出售官告（做官的凭证）、度牒（做僧道的凭证）回笼纸币，以及历代政府通过发新钞回收旧钞，规定用纸币赎罪和退赃等办法来控制纸币发行数量等。

上述四个方面原因中，政府强势、社会弱势是根本原因。

五、中国古代纸币的利弊

从世界货币史来看，纸币代替金属货币，不兑现纸币代替可兑现纸币，是货币制度的一大进步。李嘉图曾主张，当通货全部都是纸币时它就处于最完全的状态。相比金属货币，纸币的优势是明显的，除交易中使用便利之外，主要还有纸币的供给突破了自然法则的约束，具有更多的内生性，富有弹性，能较好地契合经济发展的需要。但是，中国古代纸币完全不同于现代意义上的纸币。主要的差别是，中国古代纸币与其同时代的金属货币一样，也是完完全全的外生货币，发行与流通量全凭政府，与经济需要关系甚微。

《建炎以来系年要录》卷一百〇一记载，南宋初曾有人论交子之利害："今之论交子者，其利有二，其害有四。一则馈粮实边，减搬辇之费，二则循环出入，钱少而用多，此交子之利也。一则市有二价，百物增贵，二则诈伪多有，狱讼益繁，三则人得交子，不可零细而用，或变转则又虑无人为售，四则钱与物渐重，民间必多收藏，交子尽归官中，则又虑难于支遣。此交子之害也。"此论立足纸币流通，大体上中规中矩。所谓交子的"二利四弊"，应当分开来看。取得"二利"的条件是纸币币值稳定，正常流通。文中概括"四弊"，除"不可零细而用"属技术问题外，其他"三弊"只有在通货膨胀时才会发生。因此，纸币发行流通中的兴利除弊，得纸币流通之利而除纸币流通之弊，关键是保持纸币的币值稳定，使其稳定流通。

概言之，中国历史上的纸币流通，其积极意义有二。一是弥补金属货币不足，促进商品交换。尽管南宋时期纸币贬值速度很快，但货币供应充足，经济发展少有流动性缺失之虞，纸币流通的确起到了弥补"钱荒"的作用，促进了南宋商业繁荣。如私交子时期官府曾因纠纷关闭交子铺，结果是

"自住交子，后来市肆经营买卖寥索"。这也提供了一个反证，说明当时交子确系市场需要。二是携带方便，免除了金属货币的运输费用。古代中国多流通贱金属货币，货币运输不便是贸易的一个大难题。很明显，纸币流通促进了长途贸易。

中国古代纸币带来的不利影响却是长期和深远的。一是纸币大大强化了政府的经济搜刮能力。如同一个心术不正且无所羁绊的剑客获得了一柄绝世宝剑一样，纸币为古代王朝所用，成为国家"操不涸之财源"，政府搜刮能力大大加强。成为政府搜刮工具的纸币，只能完全依靠统治者权威维持信用，历朝历代都以严刑苛法维持纸币流通，如成祖永乐二十年（公元 1422 年），定阻挠钞法罪，要"坐以大辟"（即死刑）。结果人民深受其苦，社会经济满目疮痍，百业受挫，经济与社会生机顿失。《尧山堂外纪》卷七十四记载一首元末的民谣："堂堂大元，奸佞专权，开河变钞祸根源，惹红巾万千。官法滥，刑法重，黎民怨，人吃人，钞买钞，何曾见？"足见民怨沸腾。统治者利用纸币大肆搜刮，竭泽而渔，杀鸡取卵，破坏了自己赖以生存的物质基础。纸币滥发必致恶性通胀，恶性通胀必致经济崩溃，经济崩溃则政权不稳。如袁甫所言："楮币蚀其心腹，大敌剥其四支（肢），危亡之祸，近在旦夕。"（《宋史》卷四百〇五《袁甫传》）宋、金、元三朝的纸币都造成巨大的社会灾难，其灭亡都同纸币发行有着重要的联系。

二是滥发纸币破坏了古代工商业及经济发展的微观基础。

古代纸币最初是商家为便利而创造的，政府垄断发行后，纸币供给便远离商品生产和流通。其发行与流通全由政府包办，纸币数量完全取决于政府财政需要，纸币名为流通之物，实与商品流通需要相隔，货币供给无弹性，无市场化、商业化基础，实质是以王朝需要为目标，以国家信用取代一切。如此一来，中国古代纸币便利交易之效远不抵其害商坑农之弊。纸币主要是统治者的搜刮工具，支付手段功能较强而交换媒介功能较弱，或者说纸币发挥纵向经济联系（官征民缴）的功能较强而横向经济联系（市场交易）的作用较弱。特别是滥发纸币、物价腾贵十倍百倍现象多见，"自从为关以为暴，物价何止相倍蓰"。恶性通胀下，价格信号失灵，市场机制顿失，工商业无所归依，陷于崩溃。但是，市场也会内生秩序来应对，如元代中后期，宝钞形同废纸，民间拒用，自发出现许多代用货币，经济返归"以物易物"形态。这种民间工商业者的无奈之举，当视为统治者滥发纸币导致的工商业及经济发展的倒退。

三是纸币流通抑制了古代信用金融事业的发展。纸币流通抹平了称量货币、不同铸币之间的差别，使货币兑换业商机立减；纸币流通解决了铸币长途运输问题，货币汇兑业受到抑制。古代中国的汇兑业务，自北宋以后已没有人注意，就是因为纸币可以代替汇票。同时，货币借贷也受抑制。纸币供应充裕，再加上纸币贬值过快，人们既缺少对纸钞的需求，又不会贷出贬值过快的纸币。不得已的借贷，也以实物为主，故古代中国信用中实物借贷长期占据重要位置。货币兑换、货币汇兑以及货币借贷这三个早期商业银行业务活动的源头，在中国因纸币流通而无法兴起。纸币在古代中国流通，事实上抑制了古代中国金融业的发展和演化。反思现代银行业和金融业没有在近代中国产生的原因，就是古代纸币流通及其泛滥，使当时商业银行等信用金融事业既无产生之必要，亦无发展之可能。

六、进一步的讨论

时至清朝，纸币在统治者眼中成为王朝覆灭的祸因，政府于发行钞票一事，非常慎重，以不用为原则。清朝近三百年，只有两次行用钞票（顺治钞贯和咸丰官票宝钞，清末发行银行兑换券另当别论），时间均在十年左右。

同时期纸币在西方方兴未艾。从银行券、国家发行的债务货币以及不兑现纸币，一直到后来中央银行体制下的纸币流通，政府发挥了重要作用，货币史上处处留下了国家的烙印。在这一过程中，一是市场的意愿是受到尊重的（国家行为受到限制），二是西方纸币产生于商业性金融机构的业务活动并始终以其为基础，不论是前期的银行券，还是后来的银行存款货币，纸币始终与经济运行相联系，富有弹性的货币供给机制，极大地促进了经济与社会发展。

让·里瓦尔在《银行史》中评论18世纪纸币在英国和法国的不同命运时，曾引用伏尔泰的评论："纸币在一个自由的国度里有绝好的用场，有时它们能挽救一个共和国，但几乎可以肯定，它们又能毁灭一个君主国，因为人民很快就丧失信任。再理想的货币若是过分滥发，平民百姓便会收起他们的银币，国家机器便往往伴随一些重大灾难而使其浑浑地归于自毁。"

与现代纸币流通相比，中国古代纸币，特别是政府发行的纸币，显然是纯粹的外生货币，中国古代纸币供给完全与市场需求相隔，全凭统治者意志。与之相比，现代纸币更多具有内生货币特质，货币供给与市场经济的需要有较高的契合度。

中国货币史和货币制度演变中，政府作用太强，市场反馈太弱。对中国古代纸币的梳理，也有利于增进我们对货币金融发展史上一些问题的了解。如中国历史上货币本位没能升级到贵金属本位，主要原因就是市场长期封闭。在一个长期封闭的环境中，强势的政府在配置资源领域对市场的粗暴替代，必然导致货币化程度不足、货币需求减弱。

单从货币演化来看，货币演化取决于货币竞争。简单地讲存在两种货币竞争，即同一市场内部的货币竞争和不同市场间的货币竞争。在封闭市场内部，虽经济发展有对货币本位升级的需要，但"劣币驱逐良币"的市场规律，以及政府攫取铸币税的需要往往会占上风，导致市场长期维持一个较低的货币本位。封闭市场内，王权所及的地方，政府威权提供的信用可维持不足值货币流通，或者说货币流通对本身物的信用保障的要求不会太高。当货币流通超出王权所及范围之后，即在不同市场间，王权所提供的威权信用就不那么有用了，此时必然要求货币有充足的物的信用做保障，即只有好的货币（足值的货币）才能被不同市场间的交易者接受。换言之，跨境货币竞争遵循的是"良币驱逐劣币"规律，这能解释为何小国林立的西欧（非彼时经济最强）率先进入了金本位。中国货币史上长期维持铜本位的主要原因，可以归结为市场长期封闭。市场长期封闭的原因，当属彼时政府有意为之。所以，虽然我们没有讨论古代纸币流通与货币本位进化缓慢之间的直接关系，但我们相信二者存在共同的原因，简单地讲就是政府的极权专制和市场封闭。

再如，古代中国信用及金融事业发展缓慢。原因就是纸币流通使商业银行的前身，诸如货币兑换业、货币汇兑业少有发展的空间和必要。商业银行没有直接从中国本土演化出来，自然就解释了为何中国货币制度缺乏银行货币的转换过程。概言之，中国古代纸币流通所体现出的货币制度的基因就是：政府太强，市场太弱。或者说，古代中国货币，由威权提供的信用保障过盛，由物提供的信用保障过衰。

金属竞争：劣币与良币，谁驱逐谁？

秦始皇统一六国后，统一币制，规定黄金为上币，半两钱为下币。由于半两钱过重，日常零星交易中多不用钱，黄金更是绝少进入市场流通。西汉为中国货币史上使用黄金最盛的时代，但此时黄金最多用于赏赐，其次是库藏、平贾、朝觐、助祭、算赋、买卖官爵及民间窖藏。东汉以后黄金散于民间，市场用金渐少，黄金多用于贮藏，故退出流通。唐宋以后，白银逐渐进入流通，至明世宗嘉靖八年（公元1529年），白银正式成为法定货币。

除了金银这样的贵金属以外，还有铁、锡、铅等金属不时被用作货币材料。在中国货币史上，铁是除了铜之外充当货币最多的金属，《隋书·食货志》记载，南朝萧梁时（公元502~557年），由于铜钱币制的破坏，政府索性以铁钱代之，使铁钱跨上了法定货币的阶梯。唐以后，商品贸易发达，造成了严重的"铜荒""钱荒"，加之铜钱外流及封建割据长期持续存在，铁钱借以兴旺发展，敲开了中国铸行铁钱鼎盛时期之门。如唐代魏博镇管内铸行铁钱（《天工开物》）、五代十国时蜀地的铁钱等。到宋代，统治者干脆划出专门区域，大行铁钱。

铅钱、锡钱在唐朝前期出现过。《新唐书》卷五十四《食货四》记载，唐后期特别是两税法后，"钱荒"问题日益显露，替代铜钱的铅锡钱现于市场，经济较繁荣的"江淮多铅锡钱"，河东一带也有锡钱出现。唐代为维护铜钱地位，曾严刑峻法禁止铅、锡钱的铸造和流通，但收效甚微。五代十国的割据者为解决管内货币不足的问题，开始由官方铸造发行铁钱、锡钱、铅钱。

官铸流通铅钱，应以五代十国时期闽王审知在后梁贞明二年（公元916年）所铸铅质"开元通宝"小平钱为最早。

《新五代史·南唐世家》记载，南唐时期铸行铜钱、铁钱，开始铜钱、铁钱等价并行流通，结果不久铜钱就被铁钱逐出国境，于是南唐政府正式规定铜钱一文当铁钱十文，货币从而得到稳定。五代十国时，铁钱、锡钱、铅钱和铜钱的比价一般维持在十比一或一百比一之间。此后，还有宋崇宁二年（公元1103年）蔡京当权时铸造的"夹锡钱"，即在铁钱中加入锡，"每缗用铜八斤，黑锡半之，白锡又半之"（详见《宋史》卷一百八十《食货志下二》）。

到明代中后期，流通中的金属货币主要是白银和铜钱。其他金属逐渐退出流通。

古人多认为多种货币进入流通，可弥补流通中铜钱不足的缺陷。如沈括在与宋神宗关于"钱荒"的对话中就提出"今若使应输钱者输金，高其估而受之，至其出也亦如之，则为币之路益广，而钱之利稍分矣"（《续资治通鉴长编》卷二百八十三）。沈括建议以金银为币，以增加流通中的货币供应量。但是，金德尔伯格在《西欧金融史》中讲道："两种货币的效率比一种货币要低。"从货币学的观点来看，这种期望以增加流通中的货币种类，缓解通货不足的建议，有两个主要问题，一是哪种货币能够成为价格标准的物质承担者？二是同一市场货币竞争势必产生"劣币驱逐良币"的现象，增加货币种类必将带来货币流通的紊乱。

同一市场价格标准必然是唯一的。胡如雷在《中国封建社会形态研究》中讲道："有两种以上的货币同时并存时，实际只有一种货币能最终发挥价值尺度的职能，其他货币只有与这种主要货币相比较而确立价值比例关系后，才能当作价值尺度。"马克思在《政治经济学批判》中也认为："这方面的全部历史经验总结起来不过是这样，凡有两种商品依法充当价值尺度的地方，事实上总是只有一种商品保持着这种地位。"相同地，马克思在《资本论》中也讲过："价值尺度的二重化同价值尺度的职能是矛盾的。"如果一个市场中，每种商品都有两个或更多不同的标价，货币流通和经济秩序的混乱是可以想象的。因此，在多种货币并行的局面下，保持市场秩序或稳定市场价格的唯一办法是相对固定多种货币之间的比价。但这一点在现实中很难做到，多种货币并行时货币流通的混乱就不可避免。

同一个市场或相互交叉重叠的市场中，如果同时流通两种及以上货币，就会存在货币竞争，结果是只有一种货币主导流通。货币竞争有两条规则："劣币驱逐良币"与"良币驱逐劣币"。

同一市场内部，如果政府强制管理不同货币之间的比价，货币竞争遵循的规律是"劣币驱逐良币"。较为准确的表述是约翰·F.乔恩在《货币史：从公元 800 年起》一书中的说法："如果政府以法律条款形式，对自身价值各不相同的两到三种流通中介形式规定相同的名义价值，那么只要有可能，支付将总是以那种生产成本最低的中介进行，而比较贵重的中介将从流通中消失。"币值被高估的货币（劣币）充斥市场，而币值被低估的货币（良币）退出流通。

与之不同的是，在边境或跨境贸易中，货币竞争遵循"良币驱逐劣币"的规则。由于王权所不及，市场自发选择接受足值的货币，劣币不会存在于跨境贸易中。历史上西欧小国林立，政局变动频仍，跨境贸易是常态。金德尔伯格在《西欧金融史》中说，封建领主用"铁、皮革、木头、铅、纸、盐等物制造的货币不能在领地以外流通"，超越领地范围之外的贸易，只能使用足值的、单位价值高的金银货币。

即便在国内市场上，如果政府没有确定不同货币之间的比价关系，而让市场来选择，结果也是良币驱逐劣币。比如西汉文帝时期鼓励民间自由铸造四铢半两钱、唐代开国后铸开元通宝等，市场上都曾出现过良币驱逐劣币的情况。

所以说，劣币驱逐良币还是良币驱逐劣币，根源在于是否有超越市场的权力干预扭曲市场的价值判断。由于市场供求关系波动是常态，政府极难确定不同货币之间的准确比价关系（金银之间兑换比率的变化无常是复本位制无法解决的瘤疾）。结果就是，政府干预造成了劣币主导流通，良币退出市场。而政府放手或政府力量不及之处则是良币驱逐劣币。这是一个有意思的结论。正是由于这些历史现象的存在，货币非国家化、在货币领域引入自由竞争的理论有了一些借口。

任何一个好的治理者，都不能容忍劣币充斥市场。在这方面，中外历史事实是，政治或者说统治者的意志屡战屡败。严刑峻法、各种手段，都没能扭转"劣币驱逐良币"规律的作用，原因是"利之所在，法不能禁"。

"劣币驱逐良币"还是"良币驱逐劣币"，对货币金属的演变至关重要。其中既有政府法定铸币价值偏离其市场价值的因素，亦有政府政令不畅时市场自发选择的因素。政府因素多致面值低于货币金属市场价格的铸币退出流通，面值高于货币金属市场价格的铸币充斥市场；政令不畅时，市场最愿意接受面值与货币金属市场价格相当的货币。货币金属的变迁，受上述规律制约。

古代中国铜钱长期占据市场流通主导地位，且铜铸币的重量，长期来看稳定不变，到清末期还有西汉五铢钱在市场上流通。但历史上铜钱的重量多变，以铁、锡、铅等金属铸造的钱币也多次进入和退出流通。这种看似稳定实则混乱的货币史，就可以用货币竞争来解释。

在秦王朝的统一政策中，施行最晚、效果可能最差的就是统一货币制度。统一的货币制度直到秦始皇三十七年（公元前 210 年）才正式形成，恰巧也是秦始皇统治生涯的最后一年，这一年秦始皇突然病死在巡视途中。随后不久便群雄并起，这个以"黄金为上币，半两为下币"的统一的货币制度应当还没有普遍推行。彭信威在《中国货币史》中也认为，秦始皇并没有真正统一全国的币制。直到汉武帝之前，中国币制演变的主要任务，仍然是在寻找适宜的货币单位。当时黄金与铜钱并无竞争关系，原因是它们通行于不同的市场，且黄金主要起贮藏和支付作用，铜钱由于重量过大也不能普遍地用于商品交易。汉武帝确立五铢钱制后，货币单位有了市场能够接受的标准，市场也有了空前的范围和空间，不同质地的铸币之间货币竞争才真正开始。

铸币与纯粹的金属块不同，从一开始，铸币就打上了国家政权的标记。早期的铸币很受市场欢迎，因为它的标准化，节省了鉴别和称量成本，另有国家的信誉附在其上。在标准的铜铸币（五铢钱或开元通宝等）长期流通的历史上，与之产生竞争关系的金属铸币主要有两种，一是不足值的私铸铜钱和官府铸造的所谓大钱，二是其他材料的货币，如以铁、锡、铅等为材质的铸币。从秦始皇到清末 2000 多年来的钱制演化史来看，还是有一定规律可循的。

历代钱币演变的过程与朝代更迭高度一致，每经一朝代就要循环一次。开国时期，大体上王朝所铸钱币，铜钱面值与铜材市值基本相符；社会稳定后，在社会经济恢复过程中，经济发展导致货币需求扩大，货币不足用，开始出现铸币减值现象；接下来，统治者尝到铸币减值、减成色的好处，各种伪劣钱开始大量出现；然后是铸造大钱，市场上恶钱泛滥，各种伪劣币靠政府信用强制流通；最后是社会动乱，大钱、恶钱失去信任，退出流通，市场上以物易物，贵重金属（金银，所谓"乱世黄金"）重出江湖。

宋代以后虽有纸币加入，也没有改变这样的铸币演变规律，"劣币驱逐良币"，恶钱充斥于市，好钱退藏。五代以后的"钱荒"——流通中良币铜钱退藏是一个侧面反映。历史上的统治者很少有自我检讨反省的习惯，也没有制度自我修复的机制，恶钱流通到商旅不行、市肆锁闭、物价暴涨、民不聊生、社会经济生活瘫痪为止。恶钱泛滥，往往会侵蚀社会经济肌体，临近政息人亡时，市场就不再信任仅靠统治者威权流通的恶钱，货币经济不可避免地崩溃。此时政府权威已经式微，这种情况下的商品交换，一是物物交换，二是用足值的货币交换，"良币驱逐劣币"规律开始起作用。新政权成立后，一段时间休养生息、政治清明，统治者往往铸行铜钱面值与铜材市值基本相符的良币流通。历史上凡是立国较长的朝代（元代除外），基本上都是如此，货币流通状况与王朝兴衰相伴随。

在统治者威权信誉笼罩下的劣币驱逐良币现象发展到一定限度后，将引发政治、经济及货币体系崩溃（朝代更替），失去威权支撑的劣币被驱逐出市场，市场交换又成为"良币的天下"。如此反复，形成了中国历史上铜钱重量单位（或者说货币单位）长期不变，但短期内货币重量频繁变更、币材相互替代频仍的局面。彭信威在《中国货币史》绪论中深刻地指出了这种货币体系对社会经济的破坏性。

铜钱长期在古代中国货币史上占据主要货币位置，原因一是铜钱适宜小农自然经济发展的现实需要，二是政府权威对市场力量的管束和压制。铜钱是一种由贱金属制造的、单位细小的货币。《通典》卷九《食货九·钱币下》载："大唐武德四年，废五铢钱，铸开元通宝钱。每十钱重一两，计一千重六斤四两……轻重大小，最为折衷，远近便之。"每当旧朝覆灭新朝崛起之时，社会经济遭受战争洗劫，势必弱小，铜钱此时便为最适宜的货币。从货币角度来看，秦到清末 2000多年中国社会生产力多是轮回、循环，少见发展。

明代的白银货币化，是政府货币（宝钞）失去信誉的结果。明朝的法定货币，建国之初是铜钱。自洪武八年（1375年）起，又发行"大明通行宝钞"，规定"每钞一贯，准铜钱一千，银一两"。但"禁民间不得以金银物货交易"（《明史》卷八十一《食货志五》)。到洪武末年，白银在民间交易中多有使用，虽有严令也无法禁止。洪熙年间，夏原吉一语中的，"民间钞不行，缘散多聚少"。随着宝钞币值的迅速下滑，民间交易多排斥宝钞，至成化时期（公元 1465~1487 年)，市场流通不用宝钞，"朝野率皆用银"，白银逐渐成为实际上的主要货币。明世宗嘉靖八年（公元 1529 年)，政府规定解京银两皆倾注成锭，并记年月、官吏及工匠姓名，从此，银两制度正式确立，白银成为法定货币。

白银成为法定货币后，市场上同时流通的铜钱和白银之间也必然存在竞争关系。彭信威在《中国货币史》中概括说："银钱的关系，嘉庆年间是一个转折点。以前是钱贵银贱，嘉庆以后，变为银贵钱贱了。钱贱的主要原因是私铸小钱和外国轻钱的流入。"银和钱，孰贵孰贱，遵循的是供求关系。

黄金和白银，哪一个更贵重？经验事实上，至少历史上曾经长期存在白银比黄金贵的时期。彭信威在《中国货币史》中写道："在公元前1000年前后，腓尼基及邻近国家通行白银有千年之久，而且银比金贵。古代希腊人认为黄金只值白银的十分之一。《旧约》中所记公元前7世纪时的情形也相同。在《摩西书》中，银质献礼在价值上等于金质献礼的二十倍。埃及人虽然金银铜并用，但他们同腓尼基等国人的贸易中，也使用白银。"

约翰·F.乔恩在《货币史：从公元800年起》中，考察了西方英格兰、法兰西、威尼斯、德意志、西班牙等国从1300年到1900年金银之间的比价变动情况，平均来看，金银之间的比价，从1300年的1:10.04，变动到1900年的1:26.49。此外，国与国之间金银比率的不平衡带来巨大的套利空间，套利活动使金和银在不同国家的命运迥异。金银复本位制最终注定是失败的，在经过多次波动后，到19世纪，多种因素共同作用最终摧毁了复本位制，使金本位制走上历史舞台。

补充一点，早期货币扩张，的确与战争行动联系在一起，是征服的历史。"货币跟着或者说伴随着刀剑而来",希腊和罗马军队的军事行动,往往成为货币扩张和入侵的载体。随着时间的推移,军队所携带的硬币就成为被占领土地的货币。公元前449年,雅典为了进一步推动货币统一,发布了一道法令:所有"外国"硬币都要交给雅典铸币厂,迫使所有盟国都使用古希腊雅典城邦的度量衡标准和货币。在中国,秦始皇灭六国后,随即统一了货币,秦半两在全国通用。不过,如果我们将视野拉得长远一些,可以看到,刀剑只是为货币进入异域流通提供了一张"入门券",送来的货币进入流通后,照样要遵循货币流通规律。

金本位制：曾引发世界经济大危机

在货币史上，黄金的地位显赫。金属为币，始于黄金，终于黄金。

货币史上鼎鼎大名的金本位，在历史的长河中只是短暂的瞬间，且为英国货币重铸的无心之得。英国在拿破仑战争后，于1821年采用金本位制，是世界上最早实行金本位的国家。1914年金本位分崩离析，在"一战"之后一度得到恢复，但1929年开始的世界经济危机彻底结束了金属货币流通的历史。

各国实行金本位时间如下：英国虽于1821年率先采用金本位，其间有所反复，于1844年最终确立金本位，1931年9月放弃；美国于1879年重新恢复"绿钞"可兑换，事实上完全确立了金本位制，1933年3月放弃；德国于1873年确立，1931年7月放弃；奥地利于1892年确立，1933年4月放弃；加拿大于1867年确立，1931年10月放弃；挪威于1873年确立，1931年9月放弃；日本于1897年确立，1931年12月放弃。相比之下，金本位在英国实行时间最长，为87年。

就世界范围来看，1870~1914年，大约35年间，是金本位制的鼎盛时期。1914年8月，似乎在一夜之间，国际金本位突然叫停了，处于交战状态的主要国家相继宣布停止本币与黄金的兑换。"一战"结束后，这些国家先后宣布回归金本位制，但是，它们大多退而求其次，采取传统金本位的蜕化制度，即金块本位和金汇兑本位。遗憾的是，各国仍然渐渐感到无力维持。1931~1936年，主要国家英、日、美、法等相继宣布取消金本位制。

历史上，金本位制的形成纯属偶然。

货币重铸是西欧国家铸币减值的常用手段。就英国而言，在1696年的货币重铸之前，历史上比较有名的货币重铸分别发生在1257年、1279年、1299年、1344年、1412年、1464年、1526年、1542年、1544年、1545年、1546年、1547年、1548年、1549年、1550年、1551年等。

17世纪中期以后，欧洲经历物价下跌、货币短缺的周期。英国国王为减轻偿还战争贷款的压力，希望再一次实行货币重铸。1696年货币重铸失败的偶然之得，是货币本位从银本位渐渐过渡到金本位。

1696年的货币重铸引发了激烈的争论。当时英格兰的财政大臣威廉·朗兹明显站在国王的立场上，在他看来，货币单位仅仅是计算名称，他建议把所有银币的面值提高25%。约翰·洛克主张真正的货币必须是金银，货币单位就是构成货币的金属重量，因此货币必须有十足价值，他反对降低货币成色、减轻货币重量。朗兹和洛克的争论反映了两种货币重铸的方式，其中心问题是：货币单位是计算名称还是金属重量？

时任造币厂厂长的著名科学家牛顿极力坚持银本位，并与洛克一起反对朗兹的建议。1696 年 5 月 4 日，手工铸币被官方废止，货币重铸正式开始。洛克对朗兹的胜利，使得英国政府花了很大的费用改铸银币。如同古代中国历代"钱荒"一样，当白银的市场价格高于其货币购买力时，重铸期间投入到流通中的 700 万英镑银币，很快就退出了流通，这些新硬币几乎一出现就消失了。同时由于金银比率价差，伴随白银外流的是黄金持续流入英国。这种情况一直持续到 1717 年，事实表明 1696 年的货币重铸失败。金德尔伯格在《西欧金融史》上讲道，1717 年，牛顿发现一个金路易在法国价值为 17 先令 3/4 便士，而在英格兰为 17 先令 6 便士，这就使得黄金大量流入伦敦。1717 年牛顿调整了黄金价格，才解决了黄金的兑换率问题。不可否认的是，这次失败的货币重铸吸引了大量黄金充斥在伦敦市场，为金本位制的形成奠定了基础。黄金大量流入、白银流出以及流通中银币被严重磨损，使英国不得不就近取材，以黄金取代白银为主要货币。

不少人认为金本位从 1717 年开始，因为牛顿在那一年将黄金价格定为每金衡盎司（纯度为 0.9）等于 3 英镑 17 先令 10 便士。但是，白银的非货币化直到 1774 年才发生。那是又一次重铸金币的日期，是认识到白银为辅助硬币的日期，也是对白银的使用采取限制的日期。这种限制就是禁止进口分量不足的硬币，如果债务超过 25 英镑就不能用白银作为偿还债务的货币（除非用白银重量计算）。1798 年，当白银的市场价格降低到铸币厂价格以下时，英国颁布了一项法令限制自由铸造银币。1816 年 6 月 22 日，英国议会通过法案，规定沙弗林金币用 22 开（11 盎司 91.67% 的纯度）标准金铸造，重量为 123.27447 格令，含纯金 113.0016 格令。1819 年，英国颁布条例，要求英格兰银行的银行券在 1821 年能兑换金条，在 1823 年能兑换金币，并取消对金币熔化及金条输出的限制。此后，经过若干次反复，1844 年皮尔法案通过后，英国最终实行了真正的金币本位制。

1815 年拿破仑战争以后，英国确立了国际霸主的地位，鼎盛时期英国统治地域覆盖了世界陆地的四分之一，遍布包括南极洲在内的七大洲、四大洋，在大英帝国的领土上永远有太阳照射之地，有"日不落帝国"之称。由于英国在国际政治和经济体系中的核心和霸主地位，英国的金本位制最终也影响了世界各国。黄金不仅是国内货币，也是国际货币，金本位制，尤其是 1900~1913 年间的金本位制，的确给世界带来了某种形式的货币统一。蒙代尔在《宏观经济学与国际货币史》中讲道，鼎盛时期，金本位覆盖了世界货币交易的三分之二。金本位制对于世界的影响无疑是巨大的。

金本位意味着货币单位用纯金来定义。并不是所有的货币都以黄金为材料。金本位时期英国、美国和法国的货币供给结构如下，1815 年，黄金和白银占货币供给的 66%，银行券和辅币占 28%，银行存款占 6%；到了 1913 年，货币结构变化为黄金、白银占 10%，银行券和辅币占 25%，银行存款占 65%。这一数据变化，或许可以反映金本位运行的实际情况及其潜在的隐患。

金本位并非像人们印象中的那样，是一个稳固的货币制度。货币作为价格标准，要求其购买力长期稳定。在这一限制条件下，黄金作为主要的货币金属的现实问题是，黄金的量不够用。市场规律决定了当流通中货币的量不够时，市场上会出现各种各样的代用货币（银行券、银行存款等）。事实上，随着时间推移，流通中的货币构成中黄金所占比例逐渐下降。要维持金本位，各种各样的代用货币必须与黄金建立起联系，必须规定代用货币的含金量，必须保证代用货币可以随时兑换成黄金。当货币的数量越来越多，黄金储备相对占比越来越低时，如何维持单位货币的含金量，满足自由兑换和自由输出输入的需要，就成为一个渐行渐近的大问题。

沃尔特·白芝浩在 1848 年评论 1847 年危机期间暂停实行"1844 年银行特许法"时讲道：纯金属流通的重大缺陷是，它的数量无法随时满足突然出现的需求。事实上，经济发展到后来，经济总量增加，黄金的量已经满足不了正常的交易需求了。比如美国，1933 年维持经济正常运行需要的货币供给是 200 亿美元，而当时美国作为货币的黄金数量仅有 40 亿美元。

当经济总量增长对货币的需求，与受到实物限制无法及时扩大的货币供给之间，产生较大的差距时，这种货币制度将难以支撑下去。金本位下货币制度的脆弱性（缺乏弹性）

是显而易见的。如果经济出现风吹草动，大家都拿出银行存款和银行券要求兑现时，就会将这一货币制度逼上绝路。货币与黄金之间的联系断裂，就是早晚的事。事实上，金本位的消亡，正是源于商业周期和金融危机时黄金储量的不足。

历史上，英国的金本位既没有确保物价稳定，也没有阻止商业周期和金融危机的出现。"一战"后，各国重启金本位制。受黄金数量限制，很多国家以英镑或法郎作为货币发行储备，严格的金本位制转向了准信用形式的金汇兑本位制。后来的事实是，各国重启金本位制的努力直接导致了1929~1933年的世界经济大危机。1925年4月28日，时任英国财政大臣的温斯顿·丘吉尔，强烈支持以战前平价恢复金本位制。在英镑事实上已经大幅贬值的情况下，再以战前平价确认英镑与黄金的关系，势必造成英镑币值的高估。从此开始，一直到1931年英国放弃金本位制，英国经济都饱受通货紧缩之苦。由于本币高估以及缺少外国资本流入，英国经常性地为进口支付为难（没钱）。为了弥补资金缺口，英格兰银行只有高息借贷，艰难地维持对外的汇率平衡，以坚守金本位制的底线。与英国类似，当时的主要国家都严格遵守外部平衡优于内部平衡的传统金本位理念。货币政策趋紧的压力长期存在，最终导致大危机的爆发。

1929~1933年的世界经济大危机，没有一个实行金本位制的国家能够幸免。解决的办法只有放弃金本位制，因为只有这样，才能切断国际收支平衡与国内物价之间的联系，才能改变黄金储备不足时以通货紧缩取代货币贬值（金本位下的硬约束）的局面。只有将货币从黄金的桎梏中解放出来，才能在采取刺激投资和消费的扩张性政策时避免货币（兑换）危机。

当然，货币贬值（放弃金本位）不可能是一个国家独自的行为。因为如果一个国家率先放弃金本位制，实行货币贬值，其国际竞争力的提升将迅速提振国内经济，如此难以避免"牺牲其他国家利益"的嫌疑，从而导致他国的反对和阻挠。博弈的结果，只能是大家统一行动，共同放弃金本位制，实行货币贬值政策，使全球性的扩张性政策成为可能。

事实也是如此。大危机期间，世界经济经历了三次货币贬值浪潮。由于当时国际经济关系是非对称的，弱国受到货币紧缩的压力更甚于强国，所以货币贬值浪潮，由弱国开始。第一次浪潮发生在 1929 年 12 月，以阿根廷、乌拉圭为代表的一些外围国家，为缓解黄金外流压力，宣布放弃黄金的自由兑换。接着，巴西、智利、委内瑞拉、秘鲁、澳大利亚和新西兰等国的汇率纷纷下跌。第二次浪潮以 1931 年 9 月英镑放弃金平价为标志，英帝国的成员国、北欧四国、葡萄牙等国货币相继贬值，接着是日本、希腊和泰国等。第三次浪潮由 1933 年的美国引领，到 1934 年 1 月，美元的黄金平价快速下降到此前的 59%。接着是南非、拉美、日本等实行了报复性贬值。

还有一些坚守金本位制的国家，如法国、比利时、荷兰、意大利、瑞士等，它们的代价是经受了最为漫长的紧缩型危机。这些国家从1934年开始，货币经济的处境进一步恶化、难以为继。结果它们在1936年底之前，全部宣布放弃金本位制。

有意思的是，在1929~1933年世界经济大危机期间，一个例外的国家是中国。当时中国实行的是银本位，世界市场上金银比价大幅上升，白银价格下降幅度高于一般物价下降幅度，这为当时的中国带来了极为宽松的货币环境，使中国有幸独立于世界性的经济大危机之外，呈现出历史上少有的经济蓬勃发展之势。这也从反面证实了，是固守金本位制带来了那场世界经济大危机。

当前，虽然各国公众仍旧在广泛地持有黄金，黄金仍是各国中央银行重要的储备资产，但是，这并不意味着黄金还有货币化的可能。首先当然是黄金的数量不够用。有人计算过，仅仅是各国政府的国际储备需求，世界上现存黄金的量就远远不够。多年前有人估算，要满足国际支付工具的需求，当前国际交易和清算的国际货币数额，如果使用黄金，需要世界上黄金储备扩大40倍以上，或者每单位黄金每年要周转40次以上！客观地讲，世界经济增长以及财富扩张是没有限度的（当前来看），但世界上黄金的物质储量有限，以有限之物去满足无限之需求，是不可能实现的事。其次，若以黄金为货币，则货币供给缺乏弹性，难以应对现代经济波动的现实，结果会导致币值不稳定，以及货币制度（货币与黄金的联系）断裂。通俗点讲，如果当前实行金本位制，由于货币制度缺乏弹性，经济和金融危机，恐怕要变为常事，这一点正好与大家的印象相反。当代经济条件下，最不稳定的货币制度是金本位，用黄金作为货币并不能稳定币值。

如果把视角转回货币的两个基本职能上来，黄金为币的话，一个较为尴尬的现状就是，在新的世界经济形势下，生产能力和财富总量的爆发式增长，使黄金作为价格标准和支付工具的矛盾不可调和。价格标准与支付工具不能再如历史上那样，再有效地统一到黄金身上了。所以，黄金必须退出货币史舞台的中心。

另外，黄金也不是理想的保值工具。"黄金可以保值"，只是人们心中顽固的错觉。有人统计过1802~2002年不同资产的价值变动。从投资的角度来看，股票优于债券、债券优于黄金、黄金优于美元。且各种资产的价格波动，尤以近30年为剧。这也说明了现代经济总量和信用规模的起伏波动，已非过去时代可比。

第三章 ｜ **银行货币**

银行起源：金匠、货币兑换商、早期国家银行

当今世界上流通的货币，依其性质，可称为信用货币、债务货币；依其币材，可称为纸币（专指现钞）；依其形态，可称为记账货币、存款货币、银行货币，甚至电子货币等。不论如何称呼，它们都有一个共同的母体——银行，中央银行或者商业银行。当今的货币依赖于银行而存在。

货币史上，从金属货币到银行货币的演化，符号形态的货币取代实物形态的货币主导商品流通，经历了一个奇妙的历程。大概是这样的，先有银行，后有银行券（代用货币），银行券逐渐独立于金属货币（不可兑换性），银行货币最终取代金属货币主导流通。

我们从银行的起源说起。

当初西欧的货币兑换商、金匠或早期的国家银行在向存款人交付存款凭证时，他们可能没有想到这种行为会对人类社会经济发展产生重大影响。有了银行这种组织之后，货币就成为银行的产品。作为一种债权凭证的银行货币的出现，使货币供给产生了革命性的变化。希克斯在《经济史理论》中甚至认为，货币通过与信用和银行相结合而改变其性质。至少可以这样说，银行货币取代金属货币成为通货，使工业革命以来社会经济以及生产力的高速发展没有因货币（不足）

问题而停顿下来。

所谓银行，是能够通过贷款来提供（创造）存款货币的机构。20世纪30年代，Abbot Payson Usher评论："出借钱币，无论取息与否，仅仅只是购买力在不同人之间的转换。只吸收货币存款，即便货币用之于贸易，也不涉及银行活动，它也仅仅只是购买力的转移……只有当借款出自银行信贷时，银行业才开始出现。只有当账册转账及结算系统能有效利用活期存款时，银行业才可能发生。那样，银行家方才可以将部分存款用于借贷或者投资于贸易，而无须剥夺储户对其存款的自由使用。"简单地讲，银行就是那些能够同时开展存款、贷款以及转账结算业务的金融机构。银行这类机构的一个明确的特点，是通过贷款创造存款，即创造存款货币，或者说存款货币是银行的产品。

金德尔伯格在《西欧金融史》中谈道，西欧金融史中银行的种类很混杂，有些虽然名字不同，但基本上是同类机构；有些虽然名字类似，但形式和职能截然不同。细想一下，银行有商人银行、私人银行、票据兑换银行、储蓄银行、贴现银行、公有银行、宫廷银行、合股银行、混合银行、工业银行、投资银行、动产抵押贷款银行、商业银行等。

关于银行（货币）的起源，主要有三种说法：金匠、货币兑换商以及为标准化通货而成立的早期国家银行。

银行起源于金匠的说法离现代最近。

金匠通常的经营方式是支付利息、提供贷款、买卖符木

（货币记号），以及经营发放给商品和劳务供应商的其他各种类型的国库及财务署债券。特别地，他们贴现付款委托书、本票和汇票。当然，他们另外还经营金币和银币，并将大量硬币熔化后出口。金德尔伯格在《西欧金融史》中谈道，在贷款方面，他们尽可能将存款记在账上而不把硬币付出去。大概到 17 世纪，金匠就开始吸收存款，他们说服为商人提供记账和铸币运送服务的掮客，将现金存放在自己那里，并承诺支付一笔相当于利息的小额酬金。金匠吸收存款的目的起初不是提供贷款以获取利息，而仅仅是取得筛选良币的机会，利用这一机会他们可以取得一定的利润。金匠有专门的技能、有经验、有设备去称量、检验和测定铸币中的贵金属含量。他们挑选出较好的铸币（贵金属市值超过面值的铸币），将它们投入熔炉中，然后按市场价值出售金块以获利。

金匠的这种行为引起了政府的注意，有人建议政府垄断铸币和金块的交易，发行贬值的先令。英国国王查理一世找到金匠，要求借 30 万英镑，承诺作为回报，政府不发行低成色的铸币，但这个要求被拒绝了。

1638 年，苏格兰贵族发动反英战争。为了筹措军费，1640 年查理一世没收了存放在"伦敦塔"中的资产。尽管最后国王归还了这些贵金属现金，但是，查理一世的鲁莽行为破坏了"伦敦塔"作为安全存款地的信用，从而催生了银行业的发展。

约翰·F. 乔恩在《货币史：从公元 800 年起》中记载，

商人开始直接把资金存放在金匠铺中，他们根据金匠的财力和信誉，以及推测金匠运用这笔资金能得到多少利润等情况确定利息率。金匠为存钱的人开立了据以取出黄金的凭证。很快地，商人发现，当同在一家金铺存款的客户发生贸易往来时，通过交换金匠开具的存款证明来清偿款项，相比他们从金匠那里提出资金交换后再存入，可能更方便。金匠也发现，他们开出的收据或票据，在市场上就是"有支付能力的证明"。

精明的金匠发现了其中的商机，只要所有客户不是同一天来取黄金，他们就能将闲置的铸币挪作他用以获取利益。17世纪时伦敦商业区的一些金匠便学会用手中的黄金储备来建立短期债务市场。尽管银行券的数量仍是以银行家黄金储备为基础，但此时货币供应量已经"超出了铸币厂能力的范围"。金德尔伯格在《西欧金融史》中引用达德利·诺思爵士的话说："商人们把他们的钱存放在金匠和公证人那里，这些金匠和公证人账上有一万，而他们却很少有一千个硬币。"这就是现代银行"准备金制度"的起源，也是"货币创造"机制的起源。基于银行券参与流通的事实，银行体系将货币供给的数量放大。此时是17世纪60年代末，现代银行就是那个时候诞生的。

第二种银行起源的说法是关于货币兑换商的。

一般情况下，西欧贸易集市上的货币兑换商，为方便商品贸易提供货币鉴定、兑换以及货币清算等服务。13世纪以来，欧洲逐渐形成了两个主要的商业区。一个是南部的地中海区，以意大利城市佛罗伦萨、热那亚、威尼斯等为中心，波及法国南部和西班牙东海岸的一些城市，这些城市成为东西方贸易的枢纽。来自东方的商品，首先经过这些城市，然后分销于各地。另一个商业区以汉堡、吕贝克为中心，德国北部、尼德兰、英国、斯堪的纳维亚诸国都参加了这一区域的贸易。各地之间日益频繁的商品交换，主要通过贸易集市进行。在货币史上，西欧贸易集市发挥了重要作用。

在贸易集市上，来自不同地区的商人，带来了各不相同的铸币。在香槟集市上，充斥着各种各样的铸币。汤普逊在《中世纪经济社会史》（下册）中写道："都尔内币、巴黎币、波亚图币及法国其他地方的货币，英国的东方货币、拜占庭币及意大利各种铸币，都出现于市面上。"商人在进行交易之前，首先必须分辨对方所使用货币的真伪，严格审查和确定各种货币的兑换价值，否则交易就根本无法进行。但不同的铸币，因为重量成色各不相同，相互兑换起来非常复杂。于是，在市集上就出现了专门以鉴定货币品质、兑换或估量货币价值为业的货币兑换商。这些商人开始只经营兑换业务，收取商人从外地带来的各种货币，称货币的重量、识别货币的真假，按照一定的比例兑换成当地流通的标准货币。后来兑换商扩大业务范围，逐渐代商人保管现金存款，收存游资。

随着贸易集市的发展，商人之间的资金往来经常采取承诺支付的方式。最初这种承诺采取合同公证的形式，而且合同条款中经常明确地注明要以外国货币支付。后来，这些合同逐渐正规起来，经过标准化后成为汇票。合同中也经常明确地注明必须在某一特定的贸易集市支付款项。因此，在某些情况下，清偿债务成为贸易集市的一项重要功能，货币兑换商由此加入商人的队伍中来。这样做有两个好处，一是可以在贸易集市建立内部清算所。到期的债务可以彼此冲销，冲销之后的贸易余额或赤字才用铸币来清偿，因此，地区之间运来运去的铸币数量就大为减少了，这显然是一种节约机制。汇票在有效期内可以在整个贸易集市系统内相互冲销并结清余额，在此期间，汇票就腾出了数量可观的铸币。二是以某种方式开出的以外国货币支付的贸易票据，绕开了当时的高利贷法。即商人们可以通过汇票形式融资，绕开当时教会的放贷取息禁令，推动了借贷的发展。

由于贸易不断扩大，需要现款的商人可以向货币兑换商借款，由借款人出具期票给兑换商，到期必须归还，并支付利息。这样，代替现款的期票开始出现，标志着为商业周转提供服务的信贷业务开始发展起来。逐渐地，货币兑换商开发了吸收存款、发放贷款、经营汇款等业务，具备了现代商业银行的雏形。由于汇票和信贷业务，贸易集市上货币的供给也大大超出了铸币的数量。

金德尔伯格曾讲述道，在 18 世纪，英格兰的大多数银行是由商人而不是金匠发展起来的。这里所说的"商人"是指"大商人"，所谓"大商人"是指从事国际贸易的人，而不是国内的批发商，更不是零售商。这种说法为银行起源于货币兑换商提供了支持。

第三种银行起源的说法，是亚当·斯密在《国富论》中"关于阿姆斯特丹存款银行"的叙述，银行起源于政府管理通货的努力。此处我们照搬《国富论》中的论述，是因为在讨论银行起源的文献中，普遍存在对亚当·斯密这一叙述的忽视。亚当·斯密讲道：

> 象法国、英国那样的大国，其通货几乎全由本国铸币构成。如果这种通货因磨损、剪削或其他原因，而其价值降至标准价值之下，国家可通过改铸有效地恢复通货的旧观。但是，象热那亚、汉堡那样的小国，其通货很少全由本国铸币构成，一定有大部分是由它的居民常常来往的各邻国的铸币构成。象这样的国家，通过改铸，只能改良其铸币，未必能改良其通货。这种通货，因其本身性质极不确定，一定数额的这种通货，价值亦很不确定，故在外国，其评价必然低于其实际价值。所以，如果这种国家以这种通货兑付外国汇票，其汇兑就一定对它大为不利。
>
> 这种不利的汇兑，必然使商人们吃亏。为作救济，这样的小国，一经注意到了贸易的利益，为使商人们不吃亏，往往规定，凡有一定价值的外国汇票，不得以通用货币兑付，只许以一定银行的银票兑付或在一定银行的账簿上转账。这种银行是靠国家的信用，并在国家的保

护下建立起来的，其兑付汇票，必须完全按照国家的标准，以良好的真正的货币兑付。威尼斯、热那亚、阿姆斯特丹、汉堡、纽伦堡等地的银行，原来似乎都是为了这目的而设立的，虽然其中有些可能在后来被迫改变了目的。这种银行的货币既优于这些国家的通用货币，必然会产生贴水，贴水的大小，视通货被认为低于国家标准的程度的大小而定。据说，汉堡银行的贴水，一般约为百分之十四，这百分之十四，乃是国家标准良币与由邻国流入的损削低价劣币二者之间被认为应有的差额。

1609 年以前，阿姆斯特丹的广大贸易，从欧洲各地带回来的大量剪削磨损的外国铸币，使阿姆斯特丹通货的价值比造币厂新出良币的价值约低 9%。在这情况下，新出的良币，往往是一经铸造出来，即被溶解，或被输出。拥有大量通货的商人，不能常常找到足够的良币来兑付他们的汇票；此类汇票的价值在很大程度上变得不确定，尽管有了若干防止这种不确定性的法规。

为了纠正这种不利情况，阿姆斯特丹于 1609 年在全市的保证下设立了一家银行。这家银行，既接受外国铸币，也接受本国轻量的磨损了的铸币，除了在价值中扣除必要的铸币费和管理费，即按照国家的标准良币，计算其内在价值。在扣除此小额费用以后，所余的价值，即在银行账簿上，作为信用记入。这种信用叫做银行货币，因其

所代表的货币，恰好按照造币厂标准，故常有同一的真实
价值，而其内在价值又大于通用货币。同时又规定，凡在
阿姆斯特丹兑付或卖出的六百盾以上的汇票，都得以银行
货币兑付。这种规定，马上就消除了一切汇票价值的不确
定性。由于有这种规定，每个商人，为了要兑付他们的外
国汇票，不得不与那银行来往。这必然会引起对银行货币
的需要。

亚当·斯密还讨论了银行货币的优势，除了银行货币的
内在价值高于通货价值外，银行货币还有其他好处：

> （银行货币）没有遭受火灾、劫掠及其他意外的可能；
> 阿姆斯特丹市，对它负全责，其兑付，仅需通过单纯的转
> 账，用不着计算，也用不着冒风险由一个地方运至另一个
> 地方。

我们无须争论现代银行究竟起源于以上三个中的哪一
个，无论是市场秩序自发演变还是政府主动作为，银行都是
为了管理通货、服务商品贸易而产生的。具有银行性质的
机构，核心的一点是，它是否提供银行（存款）货币，即
通过信贷形式（或债务形式）向市场提供支付工具。显然，
银行货币是银行的产品。只不过，最初的银行货币（银行
券）只是代用货币，其价格标准沿用的是流通中金属货币的

价格标准，其参与流通也是以金属铸币或金块的储备为保证的。

货币史上起先作为代用货币的银行存款货币，在演化的过程中，逐渐摆脱、驱逐了金属货币而独占货币流通，成为摆脱黄金的独立的价格标准，成为真正的货币。这是一个很有意思的过程。

货币发行权：集中还是放任？

货币史上，银行货币，即商业银行（私人部门）的存款作为货币在市场上流通之后，一个已经似乎消失的话题——铸币权（货币发行权）问题重新显现。之所以重视这一问题，可能是为了应对银行家的贪婪本性，或是为了应对经济周期带来的管理银行券流通的需要，以及国家解决财政问题的需要。

无论如何，银行货币时代的货币发行权问题与金属货币时代的铸币权问题，已经有了明显的差异。为了搞清楚问题的来龙去脉，我们先从金属货币的铸币权说起。

一、金属货币的铸币权问题

金属货币时代，关于铸币权问题，我国历史上曾经有过三次较有影响的"争论"。

第一次争论发生在汉文帝五年（公元前 175 年）。当时宣布了两项新政策，一是铸造新币，名为四铢；二是开放铸币权（放铸），民间可以自由铸造。

《汉书》卷五十一《贾山传》载，贾山上书谏阻："钱者，亡用器也，而可以易富贵。富贵者，人主之操柄也，令民为之，是与人主共操柄，不可长也。"据《汉书》卷二十四《食货志上》，晁错认为："夫珠玉金银，饥不可食，寒不可衣，然而众贵之者，以上用之故也。其为物轻微易藏，在于把握，可以周海内而亡饥寒之患。"贾谊更是反对私人铸币，提出"禁铜七福论"，针对当时"钱益多而轻，物益少而贵"的情况，建议官府垄断币材。

但上述主张政府集中铸币权，反对私人铸币的意见，并没有被汉文帝采纳。贾谊主张将币材收归国有并垄断铸币权的目的之一，是打击地方诸侯和重商大贾。从汉文帝时期的政治环境看，私铸货币的最大受益者，外有吴王，内有邓通，以至"吴、邓钱布天下"。汉文帝若采纳这一主张，在政权尚不稳固的情况下，贸然统一掌握铸币权，侵害内外权臣利益，不仅不会巩固皇权统治，而且还会过早激化矛盾，致使政权不稳。

第二次争论发生在汉昭帝始元六年（公元前 81 年）著名的盐铁会议上。参加这次论争的有两派。一派是大夫派，以主管财政经济大权的桑弘羊为首，主张中央集权，钱币由中央统一铸造发行，反对地方分权，反对钱币自由铸造。另一派是贤良文学派，代表新贵族豪门和地方势力集团，强调毋与天下争利，钱币自由铸造，反对朝廷干预，反对铸币权集中和币制统一。大夫派认为发行货币是国家的权力，必须由中央政府垄断发行，集中铸造，统一管理。国家通过调控货币，就可以调节市场，控制物价。贤良文学派则把当时在铸币、流通、市场等方面出现的问题，都归咎于中央集中铸造，主张放民自铸，或让地方自由铸造。相比贤良文学派，大夫派的政策主张明显符合统治者的实际需要。尽管后来贤良文学派的支持者霍光在政治上取得胜利，但国家的经济政策还是按照大夫派的思路执行。从此以后，由中央政府垄断货币发行权的局面一直延续到汉末。

第三次争论发生在唐代玄宗开元时期。玄宗即位不久，即令宋璟整顿钱制。宋璟令家家户户交出滥恶钱，捕责甚峻，遭到百姓抵制，市井不通，物价飞涨，宋璟因此被罢官。张嘉贞上台后取消宋璟的命令，人心才稳定下来。玄宗开元二十二年（公元 734 年），张九龄当政，主张取消禁令，不要禁止私人铸钱。因为钱少，官铸无利，为了使货币流通数量适应商品流通需要，"宜纵民铸"。玄宗下令百官讨论。宰相裴耀卿、黄门侍郎李林甫、河南少尹萧炅、秘书监崔沔等，皆以为"严断恶钱则人知禁，税铜折役则官冶可成，计估度庸则私钱以利薄而自息。若许私铸，则下皆弃农而竞利矣"。反对者中最有代表性的是时任左监门卫录事参军刘秩。《新唐书》卷五十四《食货四》记载，他的理由有三个。一是铸币是君主之权，"若舍之任人，则上无以御下，下无以事上"，君主的权力就被削弱了。二是货币是调节物价、控制社会经济的杠杆，如果听人私铸，就等于把对市场支配、控制之权"假手于人"了。三是"铸钱不杂铅铁则无利，杂则钱恶。今塞私铸之路，人犹冒死，况设陷井诱之？"四是铸钱无利则无人肯铸，有利则使百姓弃农铸钱，造成农田荒芜。五是纵民铸钱，必然加剧贫富分化，贫者愈贫，富者愈富，贫富分化。刘秩建议把铜收归国有。"禁铜则人无所用，盗铸者少，公钱不破，人不犯死，钱又日增，是一举而四美兼也"。是时公卿皆以纵民铸为不便，于是下诏禁恶钱。

从以上争论来看，主张中央政府垄断铸币权的理由主要有两个，一是认为货币是国家管理社会经济的工具，不能假手于人；二是垄断铸币权有利（即铸币税）。唐代以后，铸币权应统一于中央政府成为共识，铸币权成为中央政府权力的构成部分。

国外的情况似乎更激进。罗马帝国时代，统治者对铸造权的垄断就已经稳固地确立起来。铸币权被认为是主权最重要最根本的组成部分之一。在中世纪，王室对于铸币的垄断也是君主的主要收入来源之一。哈耶克在《货币的非国家化》中谈道，铸币在很大程度上成为实力的象征，跟旗帜一样，君主通过铸币来展示自己至高无上的权力，告诉他的臣民，谁是他们的主子。因为通过这些铸币，他的头像可以传到王国最僻远的角落。

哈耶克谈道，政府垄断铸币权的情况下，货币史基本上就是政府制造通货膨胀的记录。自罗马时代到形形色色的纸币占据重要地位的 17 世纪，铸币的历史几乎就是一部不断贬值的历史，或者是铸币的金属含量不断减少、物价不断上涨的历史。

二、关于银行货币的争议

银行货币出现后，关于商业银行发行货币是否应当有金银准备，以及是否应当是充足的金银准备问题，经历了近百年的论战。

银行货币出现之时，即银行因接受存款而签发的存款凭证，或银行因信贷活动而签发的银行券，能够在市场上流通之时，商业银行就有了货币发行权（严格讲是存款货币的发行权，即作为支付工具的一种金融资产的发行权）。在公众眼里，这种权力与铸币流通条件下的铸币权没有太大的区别。起初，唯一的区别可能是，铸币需要将金银块铸造成形，而银行货币的货币发行权不需要将金银块铸造成币，只需要将金银储备贮藏起来，保证自己银行发行的银行券可以随时兑现就行了。显然，最初的时候，银行家发行支付工具的权力受到其兑现能力或金银储备的约束。

后来，金匠在日常黄金存款中发现了一个经验法则，史称"金匠法则"。即由于大部分黄金都沉淀在金匠那里，金匠为应付顾客需要而准备的黄金，仅为其负债的一部分。这种部分准备的法则，据说是由伦敦金匠发现的。根据这一法则，银行家只需保存一部分黄金做准备，就能应付客户的日常提取需要。其余部分可以放款取息，这就是部分准备金制度的雏形。

有两种情况给早期商业银行的货币发行权带来挑战，也给政府再度控制货币发行权提供了借口。一是银行家的贪婪造成纸币滥发，银行券不可兑现，从而使纸币流通存在信用危机。在部分准备金制度的条件下，发行银行券盈利丰厚，吸引来了一群冒险家和骗子，他们纷纷设立银行，发行银行券，骗取财物，然后逃之夭夭，或者因无法兑现而宣告破产，给银行券持有者带来很大损失。"信任会带来信任，不信任会带来不信任"，一家银行券出现兑现问题后，信任危机就会传染到其他银行。由于大家事实上实行的都是部分准备金制度，遇到挤兑时，很难安然度过。二是经济周期性波动的影响。在经济扩张时期，贷款需求上升，银行券发行过多。当经济转到萧条时期，银行家会面临较大的兑现压力，市场上一旦有风吹草动，银行家就会遭遇挤兑而濒临倒闭。

如何管理银行券流通中的问题，在当时的英国引发了一个影响很大的争论，即"通货学派"与"银行学派"的争论。通货学派与银行学派的说法，最早是由乔治·沃德·诺曼在英国下议院"1840 年货币发行银行委员会"提交的报告中创造出来的。一般来讲，早期的银行在两个极端之间进行抉择：一是持有足额的准备金，在发生挤兑恐慌时可以保全自己，但会浪费很多盈利机会；二是按照盈利最大化的要求，尽可能保留少的准备金，但银行的流动性和安全性会受到更多挑战。

亚当·斯密首先提出"真实票据理论"（或称实物票据论），他认为，只要银行券的发行是源于银行对短期商业票据

（体现实际生产的票据）的贴现，商品贸易就能制约信用的供给，不会引起通货膨胀或是紧缩。他认为，为了银行自身的利益和安全，银行不能去贴现真实票据以外的票据。亚当·斯密在《国富论》中讲道：

> 如果超过了这个总额（即纸币所代替的金银的价值，笔者注），那过剩的部分既不能在本国流通，又不能输出到国外，最终会立刻返回到银行并兑换成金银。拥有钞票的人立即觉得他手中的钞票已经超过国内交易所需要的数量。他们同样既然不能把纸币送往外国，也会马上到银行要求兑现。因为，过剩的钞票一旦换成金银，可以很容易地在国外寻找到用处；如果仍然保持着纸币的形态，在国外可能没有一点用处。如果银行对兑现表现出任何困难或迟缓，到银行要求兑现的钞票还会更多。由此而起的惊恐必然会使挤兑加剧。

他进一步认为：

> 这种汇票（即真实票据，笔者注）到期就会兑付。所以，银行垫付出去的价值及其利息也一定可以得到补偿。如果银行只和这类顾客来往，银行的金柜就像一个水池，虽然水不断流出，但也有水不断流入，出入数量相等。因此，所容纳的水常常很满，不需要时刻留神。

亚当·斯密认为银行的盈利资产必须以真实票据为基础，银行券一般通过贴现票据来发行。只要做到坚持"真实票据理论"，即使暂时超量发行，银行券也会按时返回银行，银行券发行就会无碍。

亚当·斯密的"真实票据理论"受到亨利·桑顿和大卫·李嘉图的批驳。他们认为亚当·斯密的"真实票据理论"存在一个"合成的谬误"，假如同一批货物经过多人之手，而他们之间又都是通过汇票来提供无期付款信用，尽管货物没有增加，但这种真实的票据量却转手一道增加一倍。"真实票据理论"同样存在信用膨胀，且信用链条越长，信用膨胀的倍数越大。因此，银行基于所谓真实票据贴现来发行银行券，也会存在过度发行问题。

伴随着争论，商业银行以及银行的存款货币日益发挥越来越重要的作用，存款货币逐渐取代金属铸币，成为货币供给的主要部分。这一时期，银行业已经发展到这样一个高度：任何稍有资产的人（不仅仅是商人和银行家），一般都会以简单的银行存款方式，而不是铸币或钞票形式持有随时要动用的资金。银行账户的持有者，可以命令银行把其资金转账过户给另一位银行账户持有者，以偿还债务，这个过程已经被标准化为以支票形式结账清算。英国 1825 年、1837 年以及 1847 年的危机，在凝聚人们的思想、形成英国银行体系方面，起到了主要作用。这是一个不断发展和争论的阶段，"通货学派"与"银行学派"的争论，在事实上极大地促进了银行货币的发展。

19 世纪上半叶，通货学派认为发行纸币是货币创造的现代形式，它已经进入了国家传统的责任范围。他们认为货币应当是有内在价值的，货币的价值来源于货币所依附的金属。理想的货币应该是完全的金属货币。在其他条件不变的情况下，流通中货币量的变化会改变货币的价值，并影响黄金的输入与输出。由于当时英国实际的货币由黄金和可兑换的银行存款货币构成，货币问题产生的根源就是纸币（银行券）供给增长过快。由于英格兰银行和其他银行都倾向于过度发行，因此需要法律强制规定纸币的发行与铸币基础自动同步调整。

银行学派认为，纸币的发行应被看作商业银行的一项业务活动，是一项满足客户需要的商业活动，国家对此不应干预。纸币流通量应该由市场需求决定，纸币供给应当随市场季节性变化和周期性变化而变化。商业萧条时缩减，商业繁荣时扩张。银行学派认为竞争性银行业的正常运转，完全可以控制流通中的纸币量，只要存在纸币兑换金银的压力，纸币的过度发行就是不可能的。因此，银行学派坚信在部分准备金制度下，不受管制的自由银行业，仍在"看不见的手"的有效掌管之下。

"通货学派"与"银行学派"之间的争论，还主要在"如何规范银行"这一现实问题上。通货学派主张通过立法严格限制银行券的发行，实行 100% 的发行准备金制度，以保证市场稳定，防止和克服经济危机。银行学派则坚持认为国家不应干预银行的商业活动，只要存在纸币兑换成金银的压力，市场机制就会自动解决银行货币超额发行的问题。

三、银行货币发行权的变迁

我们以英格兰银行为例来寻找银行货币发展的历史轨迹。1640 年，查理一世毫不客气地没收了伦敦塔内大钟楼地下室里一批价值约 13 万英镑的金银锭，经过长期交涉后，他才答应物归原主，条件是让物主贷给他 4 万英镑。国王的这一行为，促使商人将其金银资产交给金匠保管。这些金匠摇身变成银行家，他们既吸收存款，也发放贷款，银行票据被印成小额等价钞票，以方便使用，商业票据的背书也成为日常做法，使不记名票据与记名票据一样易于转让和贴现。这种情况给当时政治混乱的英国，带来了空前的经济繁荣。

1672 年，查理二世干了一件蠢事。他在王室借贷了 30 万英镑后，宣布暂停一年的所有付款。事情是这样的，1660~1672年，查理二世时期的英国政府为了与荷兰作战，曾以发债形式从社会上筹集了大笔资金。到偿还之日，债券总额高达 225 万英镑。政府国库空虚，根本无力支付这笔巨款，不得不以强硬手段下令冻结那些本应由国家固定收入来偿付的债券。此事被称为"财政部停兑"，政府信用因此降到了最低点。在这部分债务中，有约 137 万英镑是金匠银行家为了安全起见而寄存在国库中的财产。政府的停兑举措给金匠银行家造成了巨大损失。于是他们一致决定停止对外支付，由此造成了英国金融秩序的严重动荡。这一行为又导致人们对金匠银行家的挤兑，社会上广泛散布着对金匠银行家的不满。当时主要有信任问题、贷款高息问题（银行家的贷款利息普遍超过英国当时允许的 6% 年息的规定）以及在金属铸币的成色上作假获利的问题等。

这些不满在政界和商界引发了建立一个大型银行机构的需求。一位在阿姆斯特丹待过多年的苏格兰人威廉·帕特森提出了具体方案，经过长时间的辩论，英国终于在 1694 年 7 月 24 日通过了《商品运输吨位税法令》，该法令使英格兰银行问世。英格兰银行的 120 万英镑原始股本是由公众认购的，这笔资金很快就贷给了国家，条件是英格兰银行每年可向政府收取 10 万英镑，其中 9.6 万英镑为利息（年息 8%），0.4 万英镑为管理费。为使国家能够偿还 120 万英镑的贷款，国会准许征收一定数量的新税种，其中之一就是以船舶吨位为基准的征税税种，这就是《商品运输吨位税法令》的由来。此外，政府给予英格兰银行 11 年的独家钞票发行权，发行额度不超过资本总额。

英格兰银行在其成立之初就是政府的财政代理人。在国内，英格兰银行推销战争期间的债券，把政府发行的多种多样的债券，改变为分布很广的长期负债（把英国政府的债券，转化为英格兰银行的债权）。在国外，英格兰银行通过阿姆斯特丹向欧洲大陆汇款，以支持战场上的英格兰军队和盟军。在以后很多的关键时刻，英格兰银行的信用基本上都用在了政府身上。没有英格兰银行的帮助，（英国）政府连国债都借不到。沃尔特·白芝浩在《伦巴第街——货币市场记述》中写道，倘若筹集不到足够款项，英国的历史可能会改写，比如可能会被法国打败，可能会被迫让詹姆斯二世复位等。

经济周期的波动、信贷的过度扩张以及竞争对手金匠银行家捣乱等因素，导致早期英格兰银行长年处于风雨飘摇之中。1696 年英格兰银行就因不能兑现其发行的钞票而信誉扫地。危难之际，英国国会再次出手干预，1697 年颁布一项法令，准许英格兰银行增加一倍的资本，并延长其发行权至1708 年，帮助其度过危机。此后，英格兰银行又遇到两个较大的危机，即 1720 年南海泡沫和 1745 年斯图亚特王朝复辟事件。由于政府和商界的支持，英格兰银行不仅安然度过危机，且每次危机都产生了对英格兰银行有利的结果，第一次危机导致"泡沫法"出台，强化了英格兰银行的垄断地位；第二次危机导致伦敦商人发表公开支持英格兰银行的宣言，英格兰银行发行的钞票成为事实上的法定通货。在动荡的形势下，英格兰银行号召伦敦城比较有影响力的 1140 位商人及其他私人银行家，在 1745 年 8 月 26 日联合发表声明，宣称他们愿意接受英格兰银行的银行券以代替硬币，同时也极力劝说他们的债主，同样接受英格兰银行的银行券。1745 年 8 月 28 日《伦敦公报》刊登了这些非常具有影响力的商人、银行家的宣言。宣言中指出："我们，署名于下的商人及其他人，鉴于今日保护信用是如此的必要，特此通过本宣言宣布，我们不拒绝用钞票支付，不管付款数额多少，并且我们将尽一切可能，用这同一种钞票进行支付。"英格兰银行的压力早就得到了缓解。亚当·斯密在《国富论》中写道："英国政府稳定，英格兰银行亦随之稳定。"

在18世纪后期，由于长年对外战争和近百年来银行信贷的过度扩张，英国银行业遭受了空前打击，许多银行在1793年销声匿迹。整个18世纪，英格兰银行的政府债务不断增加，1700年只有1200万英镑，到拿破仑战争结束时，英格兰银行的政府债务已增加到8.5亿英镑！1793年开始的旷日持久的英法战争，耗费了英国政府的巨额资金。为了保证战争所需黄金，英国政府被迫于1797年颁布《银行限制条例》，禁止用银行钞票兑换铸币。这条法令又一次拯救了同样债务累累的英格兰银行。

英格兰银行钞票的强制流通，导致其与黄金的比值出现贬值。1809年，英格兰钞票面值减值约10%。在此情况下，英国下议院成立了一个"金锭委员会"调查钞票贬值问题。这一委员会受大卫·李嘉图思想的影响，认为贬值的原因是钞票发行过多，解决的办法是尽快恢复货币的可兑换性。然而，专家的建议没有受到重视。让·里瓦尔在《银行史》中写道，主要原因是，要使英格兰银行的钞票能够与黄金兑换，就应使国王陛下的政府停止向该行索要预付款，停止抽取库存钱币去支持奥地利同盟国。显然，旷日持久、代价沉重而艰苦的拿破仑战争需要更多的黄金支持。

1815 年拿破仑战争以后，英国确立了国际霸主的地位。1819 年的《皮尔条例》规定逐渐恢复铸币支付，从 1823 年 5 月 1 日起货币可以完全自由兑换，同时政府将 1000 万英镑归还给银行。1824~1825 年是英国投机最猖獗的时期，地方银行利用经济繁荣的机遇扩大纸币发行量。1822 年英国议会也决定在 1833 年前增加地方银行的货币发行权。地方银行的发行量从 1821~1823 年的平均每年 400 万英镑，上升到 1824 年的 600 万英镑和 1825 年的 800 万英镑，这种情况导致了 1825 年的货币崩溃和一些地方银行的挤兑破产（约翰·F. 乔恩《货币史：从公元 800 年起》）。1826 年英国颁布法令允许设立股份制银行，但这些银行必须远离伦敦 65 英里（即不能在距离伦敦 65 英里范围内从事银行业务、发行钞票），以避免与英格兰银行竞争。《1833 年英格兰特许法》允许各股份银行设在伦敦，但前提是不在伦敦发行钞票，规定英格兰银行的钞票是法定货币（但对该银行本身除外），并规定英格兰银行在伦敦方圆 65 英里之内独享货币发行权。

当时有人反对法定货币条款。《货币史：从公元 800 年起》说，有"一篇非常有名的卡伯特动议"，认为"法偿货币条款篡夺了国王至高无上的君权"。很明显，他们没有看到，英格兰银行其实就是国王陛下在货币领域的利益代表。除了英格兰银行，谁长年为政府融资，谁来替国王陛下发行钞票？在政府的扶持下，英格兰银行迈过一道道沟坎，逐渐成长壮大。

货币发行权集中的趋势仍在继续。1841年前后，通货学派面临一个如何调节纸币流通的难题，其中主要存在两个问题。一是各个钞票发行商是独立的，"一个钞票发行商容易应付，但是我们如何去应付500家钞票发行商呢？"答案是明显的，即取消所有的钞票发行权，只留下与政府利益攸关的英格兰银行一家。二是有关英格兰银行本身的。英格兰银行一直将货币发行业务与银行业务混在一起，但在银行的储备中这两者是有区别的。当时有人认为发行业务是公共业务，而银行业务是私人业务，应当将二者区别开来，以显示英格兰银行发行的钞票具有坚实的黄金储备。通货学派的这一认识，最终导致著名的"1844年银行特许法"的出台。

人们都以为"1844年银行特许法"是通货学派的胜利，事实并非完全如此。"1844年银行特许法"并没有完全遵循通货原则，而是一项折中的法案。该法案将英格兰银行分成货币发行部和银行业务部两个部门，新成立的货币发行部从银行业务部那里接过1400万英镑，作为回报，银行业务部继续保留钞票的发行权。法案规定英格兰银行有1400万英镑的信用发行额度，超出这一额度的钞票发行，都必须有100%的金银准备，且白银储备不得超过总量的1/5。

的确，"1844年银行特许法"是一个折中的办法，1400万英镑的信用货币额度与英格兰银行的资本金大体相当，也就是相当于资本金的信用发行。不过，由于将发行部门独立出来，使之不受银行部门干扰，因而准备金制度在此之后被很好地实行。货币发行受到黄金完全可兑换的约束，确保了英格兰银行货币发行更少受到政府干扰（相当于货币政策独立），因而有观点认为，应当以1844年作为金本位和现代中央银行确立的时间。

从英格兰银行成立之时政府赋予它货币发行权，到它真正垄断货币发行权，经历了100多年的时间。早期英格兰银行的历史，就是一部银行货币（仅限钞票）从分散发行到集中发行的历史，每次银行券兑现危机都为纸币集中发行提供了借口。

一般而言，主张统一货币发行权的理由是，方便市场交易和稳定货币流通。人们通常认为私人发行钞票很容易产生欺骗和伪造行为。此外，当一个市场流通过多种类的银行券时，这些银行券的不同品质也会提高交易成本。而主张货币分散发行的理由则是自由发行有助于在货币竞争中维持币值稳定并提高货币经济的效率。

政府在银行货币集中发行过程中的作用是明显的，最起码，银行货币集中发行反映了政府的金融意愿。但是，与金属铸币的发行权不同，银行货币从它诞生那一天起，与商业银行业务相伴而生的特性，就决定了它是商业银行的产品。商业银行通过贷款创造存款货币是商业银行与生俱来的天然权力。后来中央银行制度建立，政府通过中央银行控制了钞票的发行权，通过货币政策工具来控制商业银行货币供给。

但是，政府的控制只是规定了一个上限，在此范围内，银行货币的发行权力是属于商业银行的。这意味着，在市场疲软不振时，货币供应量的多少，并非中央银行一家能够决定的。当今社会，全球各大央行拼命地"印钞"，但流通中的货币供应量并没有明显扩大，人们预见已久的通货膨胀，也没有如期而来。道理就在这里。

当今，在全社会货币供给结构中，现金只占很小一部分，有 95% 以上的货币是商业银行存款货币，各国大概都是如此。

中央银行："人类最伟大的三项发明之一"？

  1694 年成立的英格兰银行，是世界上现存最早的中央银行之一。

  2018 年，据说是世界上最早的中央银行——瑞典国家银行专门举办了 350 周年的庆典活动。据考证，15 世纪初，几乎与现代银行机构的出现同步，很多欧洲大陆（城邦）国家涌现出与政府关系密切的中央银行或公共银行，只是后来政府过度索取铸币税，没能存活下来。即便存活下来，它们在货币银行史上的影响力和地位，也无法与英格兰银行相提并论。所以，我们选择以英格兰银行为例。

  在英格兰银行的创始人之一威廉·帕特森撰写的《计划书》中写着："英格兰银行是建立在国家的基础之上的，不会失去支付能力。议会能够限制和监督资金的使用……财产能够得到最有效和最安全的保障。尽管资金是供政府使用的，但财产会受到公正的对待……英格兰的自由权和财产权几乎从未受到不公正的对待。这是英格兰银行依赖的根基。"显然，他在回答英格兰银行设立时受到的质疑。因为当时人们对查理二世的鲁莽行为还记忆犹新。

  危机中诞生的英格兰银行，受到世人的普遍欢迎。从 1694 年 6 月 21 日开始认股，到 7 月 2 日短短的 12 天内，英格兰银行就完成了120万英镑的资金筹集。英格兰银行的股东中，投资10000英镑以上的有11人，投资金额在5000~10000英镑之间的有33人，投资金额在1000~5000英镑之间的有344人，投资金额在500~1000英镑之间的有431人，投资500英镑以下的有449人。众多小投资者是支撑英格兰银行的坚实基础。英格兰银行的股东中，有伦敦市长、市政官、财政署大臣、骑士、商人，也有医生、音乐家、出版商等，位列股东名单之首的是国王威廉和皇后玛丽，写《政府论》的约翰·洛克也投了500镑。

大家都看好英格兰银行！

英格兰银行是在应对政府融资问题和解救银行危机过程中，逐渐成为中央银行的。

英国为了应对银行危机而出台的"1844年银行特许法"，很快就暴露出其内在缺陷。1847年，危机再度爆发，主要原因是银行贷款太多，现在看来，是"存款货币"占货币供应量比例过高，而非钞票发行过多。"1844年银行特许法"虽然强调银行发行钞票要有十足的黄金储备，但他们没有意识到银行存款也是货币。因此立法者（或通货学派）没有意识到，银行存款这类货币也需要有黄金储备。但是，市场意识到了这一问题。

在1844年前，银行持有的票据总额通常低于300万英镑。1844年9月，英格兰银行利率由4%下调到2.5%，贷款业务活跃起来。到1845年底，票据贴现总额达到950万英镑，

1846 年 3 月达到 1200 万英镑。随着贷款业务的扩张，存款货币供给增长，银行储备不足的事实，引起了广泛的担忧。

于是恐慌开始出现了，一些银行发生挤兑。挤兑逐渐蔓延，各银行转向英格兰银行请求帮助。英格兰银行仍试图通过定量配给、不断提高贴现率、卖出证券以及从市场借入资金等办法挽回局面，但是所有的努力都没有奏效。为稳定局面，政府只好宣布"1844 年银行特许法"暂停实施。金德尔伯格在《西欧金融史》中记述，这次没有像 1797 年那样中止兑现，而是由财政大臣向英格兰银行递交了一封信，要求暂停执行"1844 年银行特许法"。这一行动使市场稳定下来。结果是，1847 年和 1866 年暂停执行"1844 年银行特许法"就足以降低现金的需求，避免了银行储备枯竭。

由于黄金准备本身并不能带来收益，追求利润最大化的商业银行，总是努力使黄金准备保持在正常运转需要的最低水平。随着工业革命带来的经济快速发展，经济周期波动越来越频繁，波动幅度也越来越大。当出现集中的兑现需求时，商业银行就会因缺少储备而陷于困境。

在自由银行制度下，银行失败的成本是相当高的。银行失败会损害融资者以及与银行有着密切信贷关系的借款人，银行失败还会扰乱支付系统。此外，还可能扩展至其他银行，从而使企业的偿债能力变得很危险。沃尔特·白芝浩在《伦巴第街——货币市场记述》中写道，在恐慌肆虐期间，一起破产会引发一连串的破产，而防止衍生破产的最好办法就是阻止原始破产。"1844年银行特许法"颁布实施后频繁发生的金融危机表明，银行体系内部不稳定，必须要有一个"最后贷款人"。

英格兰银行由于在政府那里获得了三项重要的特权，19世纪就成为伦敦银行业名副其实的龙头老大。第一项特权是管理政府财政收支的专有权。在创立初期，英格兰银行向政府提供信用，后来又从政府那里获得信用。与政府金融事务方面长期的合作关系，奠定了英格兰银行牢固的市场地位。人们会理所当然地推论："倘若政府把国家财政收支这样重大的问题托付给英格兰银行是对的，那么我把自己的收支这样的小问题托付给英格兰银行也不会有错。"第二项特权是英格兰银行垄断了英国的有限责任制，在相当长时期内，英格兰银行是伦敦唯一的有限责任银行。第三项特权是其作为当时英国唯一有权发行法定偿付纸币的股份公司，事实上在长时间内掌握着纸币发行垄断权。

与任何竞争对手相比，英格兰银行拥有那么多的优势，理所当然地成为伦敦地位最显赫的银行。沃尔特·白芝浩说，其他银行只能对它俯首称臣，众星捧月般聚集在它的周围。后来其他银行自愿把自己的准备金委托英格兰银行保管。许多商业银行发现，在英格兰银行开立一个账户，存入相应的准备金进行彼此之间的清算非常方便。1854年英格兰银行成为全国的清算中心后，伦敦所有商业银行在英格兰银行开设存款账户就成为一种习惯做法。1857 年，英格兰银行集中管理全国所有其他银行的金属准备。英国经济学家纽马奇说："英格兰银行的金属准备，实际上……是中央准备金或中央金属贮藏，国家的全部营业都是在这个基础上进行的。可以说，它是国家全部营业的枢纽；国内所有其他银行，都把英格兰银行看作中央的贮藏库或它们取得硬币准备的蓄水池。"所有伦敦的银行都把自己的主要准备金存放在英格兰银行的银行部，他们自己从储备金银转而储备英格兰银行发行的银行券。因为在英格兰银行持有准备金，远比在自己地下金库里保存不生息的金块要实惠得多。这样，随着银行体系的金银储备越来越多地集中到英格兰银行，银行体系准备金的金字塔现象就形成了。

每次发生金融恐慌，商业银行就会求助于市场地位最强大的英格兰银行。为维持金融稳定，英国政府也鼓励英格兰银行承担某些责任。事实上也是如此，每次发生恐慌，英格兰银行都会发放巨额贷款。1847 年、1857 年和 1866 年，英格兰银行"私人证券"贷款分别由 1896.3 万英镑、2040.4 万英镑、1850.7 万英镑增加到了 2040.9 万英镑、3135 万英镑、3344.7 万英镑。英格兰银行成为事实上的"最后贷款人"。

在 1866 年 9 月 13 日英格兰银行股东大会上，时任行长朗斯洛特·霍兰先生发表了如下讲话：

> 本行已经尽了最大努力，并且非常成功地克服了危

机。我们没有在自己的职位上退缩。在奥弗伦公司破产的消息传开的那天上午，暴风雨向我们袭来的时候，我们处于一种任何银行机构最为稳健的状态。那天和此后的一个星期里，我们发放了数额令人难以置信的贷款。我本人认为，即使在这之前很短的时间里，也没有人能够预计到贷款数额会有如此之大。在这种情况下，一定程度的惊慌会引起公众的警觉；如果我们认为这样的措施是值得采取的话，那么，那些需要银行贷款的人再去找财政大臣，并且请求政府授权本行超额发行纸币，就很不正常了。但是，我们必须在获得这项授权之前采取行动，并且在财政大臣或许还没醒来之前，已经把我们一半的准备金作为贷款发放出去；而我们的准备金就这样减少到了我们安心目睹的水平。但是，我们不会推卸赋予我们的支持银行界同仁的义务。而且，据我所知，向本行提出的任何合理的援助请求都没有遭到拒绝。每个有充分担保的绅士来我们这里都能满意而归；虽然贷款没有完全达到贷款申请额的水平，但至少没有一个能提供适当担保的人没有得到本行的援助。（《伦巴第街——货币市场记述》）

至此，真正意义上的中央银行出现了。沃尔特·白芝浩在与英格兰银行的董事汤姆森·汉基的一场辩论中，记述了在恐慌期间，中央银行政策的几个战略性原则。一是银行的黄金储备应及时得到预付。二是预付应在高利率下进行，这将使有限的储备在最急需的需求者之间分配。三是银行的态度应是预付在通常情况下要好的债券，而不是预付好的债券。四是如果中央银行在恐慌结束之前，发现自己的黄金储备消耗殆尽，它只能必须像商业银行一样在竞争中奋力奔跑。然而，它应坚持至黄金储备被完全消耗之际。五是英格兰银行应直率地公告自己的政策以使公众对所要追求的目标不会产生怀疑。这些原则反映了这样一个事实：英格兰银行当时已经是公认的中央银行。

这几条战略性的原则，至今仍有其不容忽视的现实意义。比如第二条中包含的，危机救助应向拥有足够抵押品的机构按照比市场利率更高的利率借款，以排除不紧急的资金需求。这样就能够既保障央行资金安全，又确保资金救助用于真正需要的地方，是一种激励相容的安排，避免道德风险。事实上，在历史和当前的诸多危机中，央行的救助或多或少地都违背了这一原则，很多问题机构无法真正退出，问题只是被掩盖延后。违背这一原则的做法，在全球金融危机后特别是疫情后会特别突出。

社会经济运行的确需要一个这样的金融机构，在经济之渠道（货币流通）干涸的时候，有一个输水（注入流动性）的机制，不让整个经济因缺乏流动性而停滞。这样的一个机构应当具有能够取得公众信任的无限制地创造流动性的能力，即这个机构提供流水（流动性）不受债权债务机制的约束，也就是自己可以独立创造债务（向社会借债）。显然，这个机构就是中央银行。有人曾一度将中央银行称之为人类最伟大的发明，萨缪尔森就曾引用过美国作家 Wil Rogersl 一句略带戏谑的调侃："自开天辟地以来，人类曾有三项最伟大的发明：火、轮子和中央银行。"

由于英国是当时的世界霸主，英格兰银行的成功实践引起各国的纷纷效仿。在世界范围内，1900 年前成立的中央银行中，按时间先后次序，有 1800 年成立的法兰西银行、1811 年成立的芬兰银行、1814 年成立的荷兰银行、1816 年成立的奥地利国民银行和挪威银行、1818 年成立的丹麦国民银行、1846 年成立的葡萄牙银行、1850 年成立的比利时国家银行、1874 年成立的西班牙银行、1876 年成立的德国帝国银行、1882 年成立的日本银行、1893 年成立的意大利银行等。

一般认为中央银行是政府的银行、发行的银行和银行的银行，其源头应当是政府的授权和支持。一般的顺序是，先成为政府的银行，才有可能成为发行的银行，等这家银行发展壮大后，自然就成为银行的银行。

在早期中央银行制度形成的过程中，政府是关键。如英格兰银行从政府那里获得的种种支持，是以其与政府的特殊关系为前提的，或者说是以其满足政府融资需要为前提的。1742 年英格兰银行特许状快要到期的时候，英国在是否延长其特权问题上展开了一场激烈的争论。就是在这个时候，由于战事又起，政府急需融资，结果英格兰银行以 160 万英镑的无息贷款换来了延长特许权 22 年。1800 年英格兰银行以向政府提供为期 3 年的 300 万英镑无息贷款为条件，使其特许权从 1812 年延长到 1833 年。英格兰银行的特许权地位都是通过议院法案的形式确立的。

1697 年，英格兰银行成为政府的银行，它管理所有政府账目，而且所有对政府的支付，都必须通过英格兰银行来进行，它的银行券变为无息的，可以要求兑换黄金，成为政府进行所有往来支付的通货。1709 年，英格兰银行成为唯一的英格兰股份制银行，这种状况持续到 1826 年。1826 年以后，英格兰银行获得了在伦敦方圆 65 英里范围内独家发行钞票的特权。1833 年议会通过决议，规定英格兰银行发行的纸币为全国唯一的"法偿货币"（也即强制流通，不得拒收。而其他银行发行的银行券虽然可以流通，但并非强制流通，人们可以拒收）。其他股份制银行也有权发行纸币，只是发行范围在距伦敦 65 英里以外。1697 年，英格兰银行的所有者被授予有限赔偿责任的特权，这是其他银行组织在 1858 年以前没有的特权。1928 年的《通货与银行券法》明确英格兰银行成为唯一的货币发钞行。

从英格兰银行的发展史可以看出，正是成为政府的银行后，它才得以成为发行的银行。并在各种特权的支持下发展壮大，成为银行业的龙头老大，逐渐集中管理银行金银储备，成为清算中心、最后贷款人。

中央银行制度的确立，使人们看到在解决商业银行无法应对的周期性流动性危机问题方面，这一制度具有独特的优势。第一次世界大战期间，各国政府为了战时财政需要，大量向中央银行借款，并且要求中央银行停止或限制纸币兑现，导致战后经济金融混乱、通货膨胀严重。为医治战争创伤，1920 年布鲁塞尔国际金融会议指出了世界各国建立中央银行制度的必要性，并建议各国中央银行应摆脱政府政治上的控制，实行稳定的金融政策，共同维护国际货币体系和世界经济的稳定发展。1922 年日内瓦会议除了重申这些主张外，再次建议尚未建立中央银行的国家尽快建立中央银行，以共同维持国际货币体系和经济的稳定，由此推动了中央银行建立与发展的又一次高潮。从 1921 年到 1942 年，世界各国改组或设立的中央银行有 40 多家。

早期中央银行的私人银行身份，影响了其作用的发挥。如英格兰银行本身是私人所有的银行，它不仅没有法律上的义务去充当最后贷款人，也没有明确的商业理由去这么做。19 世纪上半叶，英格兰银行的董事们一直认为英格兰银行"运营业务的准则与伦敦任何运营良好的银行相比没有什么区别"。直到 19 世纪末，英格兰银行既是私人营利性机构，又是整个国家银行体系的管理者。这种情况下，英格兰银行的利益与责任是彼此不相容的，它不能既是管理货币的机构，又同时经营营利性业务。在整个 19 世纪，英格兰银行多次表示自己没有义务用自己的资源去救助事实上是它商业对手的其他银行。

英格兰银行在持有一定规模的储备上也有利益冲突：商

业考虑要求英格兰银行应将其持有的无息黄金储备降到最低（像其他银行一样），但为保持整个银行体系的流动性，英格兰银行应持有更大规模的黄金储备。比如当时伦敦威斯敏斯特银行只有 13% 的负债处于闲置状态，而英格兰银行的银行部处于闲置状态的负债高达 40%。这必然导致两家银行经营表现上的差异：1844 年英格兰银行的每股红利率为 7%，股价为 212 英镑，到 1873 年每股红利率为 9%，股价为 232 英镑；而同期伦敦威斯敏斯特银行虽然增资扩股 100%，由 27 股扩到 66 股，但其每股红利率仍由 6% 上升到 20%。由此不难理解英格兰银行股东们的不满。

但是，在危机期间，金融危机的传染性让英格兰银行意识到，如果它不施以援手，不仅会招致社会舆论的反对，还有可能使危机感染到自身。英格兰银行长期处于这种矛盾之中，每当英格兰银行股东的营利性要求与其应当承担的金融稳定的责任发生冲突时，矛盾就在所难免。因此，矛盾的不可协调性说明，在中央银行出现私人股东是不适宜的。第一次世界大战后，多数新成立的中央银行都以公共机构的形式存在。20 世纪 30 年代大危机使金本位制崩溃，管理货币供应、控制货币数量自然成为各国中央银行的重要职责。第二次世界大战结束后，为了恢复经济，稳定金融，许多国家开始了中央银行国有化进程，对过去属于私人所有的中央银行机构，大多数国家都实行了国有化。英格兰银行也于 1946 年实行了国有化。美国联邦储备银行体系的资本虽然没有国有化，继续由各商业银行持有，但是，联邦储备银行章程明确地规定了公共利益的优先地位。

中央银行制度确立之后，国家通过这一制度控制了货币发行权。在银行货币流通情况下，对政府货币发行权力的约束可能有三种：一是由民主选举带来的政治压力；二是期望理性的政府保留在最需要的时候提升铸币税的能力；三是知识的传播，公众的合理预期使政府的通货膨胀行为失效。显然，银行货币流通的稳定，从根源上更多地依赖于社会的发展和政治的进步。

货币彻底摆脱金属：货币制度的革命性进步

货币在物质形态上彻底摆脱对金属的依赖，是货币制度的革命性进步。其进步意义在于，一是经济不再承受货币供应数量因物的限制而不足之苦，从而使经济发展从货币的数量限制中解放出来。二是整个社会的流动性供应，不会再因金属货币供应弹性问题时常处于危机状态。三是货币流通不再因货币制度自身的问题而不稳定，即避免了在金属货币流通情况下，其商品性与货币性之间的竞争导致的货币流通不稳定问题。

从货币两个基本职能矛盾对立的视角看，上述三个意义中，前两个是货币作为支付工具的解放，后一个是货币作为价格标准的进步。货币摆脱金属，有效地调和了价格标准和支付工具两大职能内在的矛盾和冲突，推动货币在更高层次上实现价格标准与支付工具的统一。不过，与金属货币相比，银行货币虽然在支付工具职能方面，在货币量供给方面取得了革命性的进展，但软肋留给了价格标准职能方面。所以，中央银行管理银行货币的主要任务，是维持币值稳定。

货币摆脱金属，不是人为设计的产物，而是人们被动地应对货币问题的结果。

接着从中央银行说起。

为什么在银行危机时中央银行可以成为"最后贷款人"？是因为中央银行通过集中银行体系的黄金储备，从而具备兑现能力吗？不是的。

　　从沃尔特·白芝浩《伦巴第街——货币市场记述》中可以看出，1815 年英国流通中的货币总额是黄金储备的 1.5 倍，1872 年流通中的货币总额是黄金储备的 2.5 倍，1913 年这一数值快速上升到 10 倍。根据当时世界主要银行体系的负债与现金准备，19 世纪 80 年代英格兰银行与伦敦的股份制银行，其现金（黄金储备）持有量占其对公众负债的比例为 11.2%，法兰西银行的这一比例为 25%，德意志银行为 47%，美国各国民银行为 12.3%。很明显，在危机时刻，就是拿出所有的黄金储备，也不能满足货币兑现的要求。因此，中央银行成为银行体系救世主的角色，并不是它有足够的黄金储备。

　　金德尔伯格在《疯狂、惊恐和崩溃——金融危机史》中谈道，最后贷款人的概念不是源于经济学家的脑子，而是市场实践的结果。有人曾经说过，早在经济学家想出对付危机的规则之前，业界就已经意识到，解决金融危机的药方是由货币当局（英格兰银行或政府本身）发行某种银行家、商人及公众都愿意接受的票据。

　　19 世纪后半叶，英格兰银行在理论家一片反对声中，逐步承担起最后贷款人的角色。中国有句俗语，"好死不如赖活着"。这句俗语在 19 世纪的英国找到了一个好的注解。在银行恐慌时期，维持稳定的现实急需，必然要胜过理论家基于某种理念的主观判断。银行危机的根源，在当时已经被一些人深刻地认识到，诸如沃尔特·白芝浩对 1847 年危机期间暂停实行"1844 年银行特许法"评论道：纯金属流通的重大缺陷是，它的数量无法随时满足突然出现的需求。金德尔伯格在《疯狂、惊恐和崩溃——金融危机史》中说，纸币出现后，无论需求的产生如何突然，都可以无限制地供应。对我们来说，紧急发行纸币满足突然出现的大量需求不存在什么限制。但是，当时人们自我宽慰地说，发行纸币的权力极易滥用……因此只能在极特殊情况下使用。

显然，中央银行在危急时刻充当最后贷款人的奥秘在于，它的纸币发行可以突破黄金储备量的限制，或者说中央银行具有自行创造负债的能力，即中央银行发钞。中央银行可以根据需要主动负债，它不必向潜在债权人打招呼，不受潜在债权人制约。在 1847 年、1857 年和 1866 年三次危机中，英格兰银行的准备头寸分别减少到 199.4 万英镑、146.2 万英镑和 300 万英镑。如果不是暂停实施"1844 年银行特许法"、支持英格兰银行的纸币流通，英格兰银行不可能度过这三次危机中的任何一次。中央银行的特殊市场地位使其在人们心目中具有牢固的市场信誉，政府法令使中央银行的钞票成为法偿货币，在危机时替代黄金成为社会上的最终支付手段。

不足值铸币流通有着长久的历史渊源。在中世纪乃至古代，受到皇帝权威所支持的铸币可以获得超过其金属含量的法定价值。所谓不足值铸币流通是货币史上常见的现象，古代中国、古罗马、古希腊以及后来的西欧诸国都是如此。这样就产生了一个有趣的话题：既然国王的权威可以使含银量为 8 便士的铸币交换到 10 便士白银，那么为什么不能将铸币的含银量降低到 6 便士或 2 便士，或干脆用一张纸来代替呢？英格兰银行平时的信用发行，以及其在危机时期发行的没有黄金储备的纸币，不正是如此吗？

货币史上，货币从金属货币走向不兑现纸币，大概走过了这样的一个过程：某个国家先是推行并逐渐接受可自由兑现为金属铸币的银行券，接着面对危机的压力（通常是战争），这些银行券就被宣布不可兑现铸币了。美国在美国革命期间（18 世纪后期）所走过的道路，以及英国在拿破仑战争期间颁布《银行限制条例》实行"暂停铸币支付"政策（1797~1821 年），都是这种方式。另外，法国所采用的"指券"也是在银行体系不发达情况下实行的一种新的不可自由兑现纸币制度（18 世纪后期）。当然，政府的有些尝试成功了，如英国的情况和美国国内战争胜利的那一方，后来纸币又恢复了兑现；而有些尝试则失败了，如法国的"指券"和美国南部政府的纸币，很快就变得一文不值。

人们往往会记起成功的经验，而忘记失败的教训，特别是在身处困境的时候。过往的成功经验（哪怕是只有百分之一的胜算）就是一根救命的稻草，会被牢牢地抓在手中。货币史进入 20 世纪初期，经过第一次世界大战短暂停止纸币兑现的考验后，世界经济大危机期间，主要国家先后于

1931~1933 年宣布放弃金本位。原因其实也简单，一是黄金不够用，货币供应量已经超过黄金储量的 10 倍以上。二是金本位下货币供给缺乏弹性，不足以维持社会信用链条，黄金与货币的联系链条随时有断裂之虞。与其如此，不如政府先宣布放弃金本位，这样做比放任自流更有助于恢复市场信心。

货币体系变化的直接诱因是经济的飞速发展。拿破仑战争结束后，短短 60 年里，在以欧洲为中心的世界，西方列强直接控制的土地从占世界的 20% 迅速上升到近 80%。20 世纪后，世界经济进入前所未有的高速增长期。仅仅 1905~1907 年美国就建成了 2.5 万公里的铁路，生产了 2 万多台蒸汽机车与 69 万节铁轨。新技术革命层出不穷，在大西洋两岸伴随化学产业、钢铁产业、汽车产业等新兴产业的崛起，旺盛的投资需求带动了西方列强资本市场一片繁荣。在英国，由于巨额资本的输出带来的丰厚回报，出现一种后来被称为"食利阶层"的富裕休闲阶层。在繁荣的另一面，1905~1907 年钢铁价格上涨幅度为 39%，铜价上涨 92%。企业组织制度创新，垄断资本出现，不少大型企业特别是垄断组织不断在金融资本市场与生产资本市场纵横捭阖、兴风作浪。

经济高速发展对扩大货币供应量提出迫切要求，与黄金储备相联系的货币供应不足以满足经济发展需要已经成为一个现实问题。1913 年，流通中的货币总额已经达到黄金价值的 10 倍，且有 65% 的货币供应为银行存款货币。但是，众所周知，银行体系没有足够的黄金储备满足兑现需求，这需要一个更有弹性的货币制度。

作为商业银行对实体经济金融需求的一种反映，产生于商业银行业务活动、以存款货币为主体的银行货币体系，为社会经济提供了一个更有弹性的货币供给机制。在经济运行正常情况下，当这种内生于经济运行的货币具有较高的可信度时，商业银行的债务货币将按其面值广泛流通而无须诉诸兑现，整个经济体系也会变得富有弹性而增势强劲。

人们渐渐发现，货币与黄金挂钩的法律规定为纸币流通埋下了安全隐患，容易发生金融崩溃。一旦经济运行出现风吹草动，人们的消极情绪就会蔓延开来，必然会波及商业银行债务货币。此时关于商业银行经营问题的任何流言，都有可能动摇人们对债务货币的信心。人们会纷纷要求按法律规定兑换黄金，从而使信用体系、货币体系都变得非常脆弱，整个经济体系会突然变得更加不稳定。那些时常宣称货币应当回到金本位的人们没有想到的是，规定货币单位含金量，与黄金挂钩的纸币体系，是一个更加不稳定的货币体系。

经由信用创造和货币扩张，银行体系不可能在特殊时刻拿出那么多的黄金。危急时刻，只能宣称货币暂时不可兑换。第一次世界大战时期，各国纷纷停止了金币铸造以及纸币与黄金之间的兑换。从当时的情况看，实属不得已而为之，当时没有人意识到这是货币史上的一大进步。后来虽多有反复，但 1929~1933 年的世界经济危机彻底结束了金属货币流通的历史。信用流通制度从此开始，一直延续到今天。1945 年确立的布雷顿森林体系以"各国货币与美元挂钩，美元与黄金挂钩"的形式，只是维持汇价的一种措施，实际上20世纪30年代以后纸币已经不再代表黄金的价值。1976年牙买加协定正式明确了黄金非货币化。至此，货币完全摆脱货币商品，从物的形态中解放出来。

货币摆脱金属后，在商业银行货币体系中，最后的储备资产仅仅为中央银行的负债，而不再是黄金或其他贵金属。事实上，一种资产作为债务的最终清偿手段的条件是，一定要有某种保证使其在以后的交易中可以为其他人所接受。

黄金等贵金属具有这样的特性是由历史原因造成的，当处于自然法则约束下的黄金等贵金属供给，不足以维持迅速扩张的信用链条时，人类社会选择了政府的偿债承诺（法定货币）。一开始，这一选择可能带有一些不得已的意味，但后来的事实证明，正常情况下，政府的负债（信誉）完全可以满足市场上最终清偿手段的要求。中央银行的债务货币可以用来购买政府部门的服务，可以用来支付税费。通常中央银行也承诺可以将自己的债务货币兑换成外国货币，以及任何资产。这就是中央银行债务成为市场上最终支付手段的原因。

在过去漫长的岁月里，黄金等贵金属充当市场上的支付手段以及最后的清偿手段，其原因也是人们相信它们会被普遍接受。不论这种信任来源于人们对贵金属的特殊情感，还是来源于政府以黄金等贵金属为法定货币的法令。从这一点来看，黄金等贵金属与银行货币一样，从本质上讲体现了一种信用关系，不过金属货币体现的信用关系是双重的，即物的信用（贵金属可以被看作一种取得信用的抵押）和政府的信用。而中央银行货币体现的信用关系是单一的，即纯粹的政府信用。

银行货币相对金属货币的优势还是比较明显的。首先，在金属货币流通条件下，金属铸币（或金属块）是市场上最终的支付手段；而在银行货币流通条件下，中央银行的债务货币（现金）是市场上最终的支付手段。金属货币受到自然法则的约束，货币供给缺乏弹性；银行货币供给在理论上具有无限扩张的可能。如果不考虑其他因素，单从货币供给与社会经济需求的契合度上讲，银行货币优于金属货币。

其次，银行货币是一个双重或多重的（或称为等级的）货币流通体制，而金属货币是一个单一的货币流通体制。金属货币流通下货币结构单一，金属就是货币，货币就是金属。而银行货币流通条件下，货币是明显带有等级特征的，如中央银行货币和商业银行货币。在市场流通的界限内，中央银行货币表现为现钞，商业银行货币表现为存款负债；而在整个货币体系中，还有一个体现为商业银行资产的中央银行负债（备付金存款），发挥着最终清偿手段的作用。从货币史演进来看，中央银行提供的债务货币，不论是流通在市场之内的还是处于银行内部体系的，都是对过去的黄金储备的一种替代。这说明货币经济需要一种最终的清偿手段，这种需要造就了所谓的金融集权趋势（即中央银行体制），不论这一过程通过市场演化还是通过法律直接实现。英格兰银行向中央银行演化的史实说明，中央银行体制似乎不存在纯粹市场化的演化，政府在其中发挥了重要的、决定性的作用。政府的干预是不可避免的吗？至少货币史上到处都有政府干预的记录。弗里德曼和施瓦茨在 1986 年的一篇关于政府参与银行业的论文中，曾为政府干预银行业提出四个理由：一是资源成本的原因，以商品为基础的体系有向以信用为基础的体系进化的自然倾向；二是信用因素为欺诈行为提供了机会，而且支付承诺的兑现也存在困难；三是在生产信用通货的过程中，存在"技术性垄断"；四是在出现严重货币性扰乱时，会产生第三方外部性。毫无疑问，在银行货币流通下中央银行具有至高无上的经济权力，商业银行存款货币的供给，受制于中央银行的行为。

再次，从货币与经济的关系上讲，银行货币是内生货币，而金属货币是外生货币。金属货币的供给多少主要取决于金属的量，而金属的量是不受经济发展状况影响的。金属货币供给量的僵化，容易导致社会信用链条断裂，爆发金融危机。"金融全靠流通，流通全凭信用"，在可兑换纸币流通条件下，与黄金挂钩的纸币体系将是一个更加不稳定的货币体系。如果意外原因使人们对金融机构发行的纸币不信任，市场就会产生用纸币兑换金银的需求，当金银储量满足不了这一需求时，毫无疑问地会引发金融危机，进而引发社会危机。英国在 19 世纪多次颁布法令，暂时停止货币兑换黄金，原因就是如此。第一次世界大战后，各国先后陆续宣布放弃金本位，原因也是如此。可以断言，在当今生产力高度发达、高度市场化的社会，如果恢复金本位，自然法则的约束、缺乏弹性的货币供给，将有可能使社会信用链条断裂，因为僵化的货币供给无法适应经济波动，哪怕是一点点的风吹草动。而银行货币从诞生之日起就具有了内生的特征，正是银行的贷款业务创造了存款货币，而银行发放贷款，当是源于客户的需要。很明显，内生货币更契合社会经济的需要。

历史的车轮滚滚向前。任何关于货币重回金本位的说法，都是不理智的。

第四章 | **现代货币**

货币供给：一个复杂体系

本节以人民币为例，简单地描述一下银行货币（现金和存款货币）的供给过程。人民币现金是中国印钞造币总公司（直属于中国人民银行）印刷的纸币。但是，这并不意味着中国人民银行可以随意地向市场供给（发行）纸币。因为如果居民不需要这么多纸币的话，他们就会将多余的纸币存到商业银行，再由商业银行上交中国人民银行的金库，央行不能拒绝现金退出流通。一般而言，现金是通过以下三个渠道发行的。

一是商业银行的渠道。每个商业银行在中央银行都有一个存款账户，如果商业银行的客户有现金需求，而商业银行库存现金不足，它就会从在中央银行的存款账户提取现金，现金再经由商业银行流向社会。这是一个基本的央行货币发行渠道。

二是财政的渠道。经理国库是央行的一项基本职能，如果财政出现赤字，需要中央银行向财政提供信用，即财政账户透支。财政透支多以中央银行扩张货币性负债（增加商业银行对中央银行的债权）的方式实现，政府部门用其在商业银行的财政性存款完成支付，（经由商业银行的渠道）结果是现金流向社会。

三是外汇和黄金占款。中央银行购买外汇和黄金，必须（主要经由商业银行）向外汇和黄金的持有人支付人民币，中央银行外汇资产和黄金占款增加多少，基础货币的供给就增加多少。其中一部分将以现金形式流向社会。

以上三个渠道中，经由第二个和第三个渠道的基础货币供给，中央银行在多数情况下处于相对被动地位。中央银行对现金货币供给的控制权关键在第一个渠道。如果中央银行能够影响或控制商业银行在中央银行账户上的存款量（法定存款准备率），中央银行就能够控制通过这个渠道的货币发行。

但是，在存款准备金制度的约束下，假如商业银行信用扩张过快，流动性就有可能出问题，商业银行就会希望中央银行扩大信用。如果此时中央银行拒绝的话，很可能引发支付危机。显然，这与中央银行最后贷款人身份不符。结果是，中央银行为了避免商业银行出现流动性危机，而被迫扩大信用（所谓的倒逼机制）。因此，从中央银行的货币发行渠道来看，在社会经济对货币需求旺盛的情况下，中央银行对货币发行的控制权相对不足。但是，如果中央银行意图主动向社会注入货币，自主操作空间就较大。

我们再来看存款货币供给过程。教科书上一般性的举例为，某企业先将 100 元存入商业银行，商业银行根据经验，保存 20 元准备，将其余 80 元贷放出去，周而复始，经由商业银行体系的存贷活动，100 元的原始存款就会创造出 500 元的存款。

商业银行在向企业发放贷款的同时，形成企业在商业银行的存款，存款货币主要是由商业银行贷款业务创造的。商业银行通过贷款创造存款，银行通过与客户交换信用，得到客户的贷款资产和存款负债，客户得到银行的存款资产（货币）和贷款负债。在银行与客户交换信用的过程中，往往是贷款利率大于存款利率。这样，商业银行依利差获得业务收入，客户通过支付利差成本得到存款资产，即存款货币。

一般认为，商业银行的存款货币创造受到基础货币供给（可以理解为银行客户对最终支付手段的要求）、法定存款准备金和客户贷款需求的约束。基础货币供给以及法定存款准备金，都与中央银行有关，而客户贷款需求完全由市场决定。

如上所述，中央银行并不能完全控制对基础货币的供给，因此，依赖于基础货币供给以及受制于法定存款准备金要求的商业银行存款货币供给，也非完全由中央银行控制。但这些并不否定中央银行对货币供给量的影响能力。比如，中央银行可通过变动法定存款准备率、再贴现利率，以及直接在公开市场上吞吐货币，影响货币供应量。

中央银行对商业银行的存款货币供给，也不是完全自主控制的。银行货币体系是双层结构：银行客户通过银行存款货币，在账户上各自进行清算交易，如果是在同一银行开户的客户，他们只需要通过银行账户转入转出存款货币即可；

如果不是在同一银行开户的客户，则需要开户银行通过央行的清算系统，在银行间进行清算交易。

这一双层的货币体系，需要注意两个问题。一是如果付款客户和收款客户在同一家银行开户，那么商业银行在进行清算时，不需要动用它们在央行准备金账户上的存款，理论上这部分货币供应可以无穷大。这类似于一个没有准备金要求的货币体系，如果不考虑商业银行面临的资产负债表约束和资本充足率要求，货币乘数理论上可以无限大。

二是付款客户和收款客户不在同一银行开户时，他们彼此之间的清算，需要通过央行进行。这一清算行为需要动用商业银行在央行的准备金存款。理论上，法定存款准备金制度的要求，会限制商业银行供给货币的数量。但是，事实上，如果商业银行需要清算，恰逢其在央行账户上的准备金不足时，往往会得到央行的救济。因为相对于惩罚一家冒失的商业银行，防止因流动性不足将风险敞口传染给银行体系，进而维持银行体系稳定运转更为重要。当商业银行相信央行一定会在其准备金账户不足时提供帮助，以维系整个银行清算体系的稳定运转时，法定存款准备金制度就不是一个完全可靠的制度安排。现实中也是如此，商业银行的准备金存款，与货币供应量之间缺乏稳定的关系。日本的经验更是如此。

反过来，当央行决定扩大货币供应量以刺激经济时，央行在增加基础货币供应量方面有较多的主动性，但在货币政策传导方面，即扩大社会货币供应量方面，其效果不一定会如央行所愿。

简单总结，现代银行货币供给有几处关键的地方。

关键机构。一是中央银行。银行货币制度是一个等级制度，在货币金融体系内，中央银行拥有至高无上的权力。原因是银行货币体系正常运转需要真正的货币，这种货币就是现金，现金既是一种货币的价值标准（货币单位），也可以明确作为最后的清偿手段（如同金本位时期的储备黄金），而现金的供给者，就是中央银行。在货币史上任何时期，流通中的货币都是与国家能力联系在一起的。当然，纸币流通更需要强大和稳固的国家能力。中央银行通过自身的负债提供并管理法偿货币，不仅仅是一个政治和其他方面的需要或压力的问题，还是国家权力在货币领域的体现。因此，在银行货币供给体系中，可以自主创造流动性的中央银行处于中心地位，扮演着关键角色，拥有至高无上的权力。如果中央银行没有谨慎对待这一权力，结果可能就是灾难。

二是商业银行。商业银行是银行货币（存款货币，支付手段）供给的主体。由于货币在一国经济发展中具有重要作用，一个富有生机的商业银行体系对一国经济增长也是关键的。

关键制度。一是关于中央银行制度和法定货币的立法。二是严格的金融监管，金融监管应更多地考虑商业银行的效率因素，特别是在央行最后贷款人制度以及存款保险制度下，扭曲的商业银行存款货币供给行为需要金融监管来矫正。稳定的银行货币运行体系，不是央行一家的事，往往需要强有力的金融监管部门参与。因为价格稳定和金融稳定，是一体两面，对一个运行良好的货币体系来讲，缺一不可。

关键技术。银行货币的使用和流通需要一个发达的支付清算网络。存款货币借助银行间支付网络流通，实现其购买、支付等功能。因此，对存款货币流通而言，银行间支付清算网络是关键的技术支撑。

关键信任基础。银行货币体系建立在中央银行提供最后的支付手段基础上，中央银行又是建立在国家法令的基础上，而国家法令则是建立在人们对国家的信心基础上。因此，只有人们相信政府，以及全社会有较高的信任度时，银行货币才能流通无阻。有可能损害这些信任的，直观地讲，一是政府过度发行货币的行为；二是商业银行较低的经营效率。往深处说，是一个国家社会、政治、经济、文化方面的短板。

银行货币供给是一个复杂的体系。诸要素之间有逻辑关系，也有不确定性。现代银行货币供给体系运行到现在，总体上还是令人满意的。在一个正常的市场中，货币政策可望取得它应当取得的成效。但在一个不正常的市场中，货币政策的作用表现得往往不尽如人意。比如，在社会情绪发生变化的特殊时期，最需要扩大货币供应量以提振经济、缓解燃眉之急时，货币政策的效果往往不尽如人意。大概是因为央行忽视了商业银行及其客户的情绪。

是否能将大众情绪量化，整合进央行的货币决策模型？也许央行还要考虑对它来讲其他更为重要的意见。

现金与存款：质的区别

我们尝试着讨论一下存款货币体系的内在缺陷，目的是加深对现代货币金融体系的认识。

统计资料显示，近 30 年来中国的货币结构中，现金所占比例呈逐年下降之势。1989 年流通中的现金占货币总量（M2）的比例为 15.09%，1999 年这一比例为 11.44%，2009 年为 6.28%，2020 年 8 月下降到 3.74%。现金占比逐年下降，在某种程度上意味着货币流通效率（支付效率）的提高。

严格地讲，现金与存款货币有着本质的区别。现金是真正的货币，是价格标准和支付工具的统一，是一种金融权利，不论是社会公众还是银行体系，没有人可以拒绝接受现金，现金具有完全的流动性，是整个货币体系的基础。商业银行的存款货币是建立在现金货币基础之上的，它们是商业银行信用创造出来的货币，是一种可以充当支付工具的金融资产。在当前体制下，由于存款货币可以自由地兑换成现金，人们误以为存款货币与现金等同，这只是错觉。试想，如果发生银行挤兑，大家马上就会明白，现金才是真正的货币，银行存款只不过是披着货币外衣的金融资产。

尽管如此，由于现金和存款货币都可以充当支付工具，二者之间也存在竞争关系。希克斯（Hicks）在《经济学展望：再论货币与经济增长论文集》中说："随着时间的推进，货币系统越来越接近于纯信用系统。这种发展的原因并不仅仅是政治的。由廉价的支付手段取代昂贵的支付手段是市场经济的自然发展趋势，这一趋势还在继续并很难被阻止。金属货币实际上已经不再在国内市场流通，在国际市场上也正在消失。发明其他硬（实物）货币来控制货币的数量行为也不断被人类其他的发明天才所击败。"希克斯讲的，其实就是劣币驱逐良币规律的现代形式。

货币结构中存款货币逐年增加，现金逐年减少，说明存款货币对经济体而言是一种更廉价的货币（存款货币的使用成本比现金更低）。尽管在交换价值方面，现金与存款货币没有差异，可以相互替换，但现金与存款货币之间明显存在竞争。在很多场景下，存款货币的使用明显要比现金更方便快捷，这种竞争导致存款货币的使用越来越多，现金的使用越来越少。

不过，现金与存款货币相比较，现金是最后的支付手段，比存款货币更可靠（银行挤兑可以证实这一点），是二者之中更优良的、更具普适性的一种货币。

两者之间的另一个明显差别是，存款货币是计息货币，存款货币持有者可以获得利息收入。是否计息这一差别是重要的，不用给现金持有人补偿，会扭曲现金发行者面临的激励，导致现金这一货币形式在自由竞争的体制下无法获取正的交换价值。假如有众多银行可以印制发行现金货币，由于不计息，这些现金之间不存在（或表现不出）质的差别，现金的市值会取其固定的面值。人们看到现金在市场上流通，就会接受它而不做过多的考虑。特别是当持币者信息不足，不了解现金发行者的真实情况时，现金的市值就由其面值决定。再加上现金不可赎回，那么，市场流通的现金数量就完全由现金发行者决定。如果没有外在约束，现金发行者看到发行现金（比如通过购买或支付等形式发行）有利可图，就会发行更多。在多个发行机构并存的情况下，其他现金发行者也有同样动机发行更多的现金。发钞者自由竞争的结果是，只有当现金的市场价值低于其印刷成本时，进一步发行才会停止，类似于古代中国某一朝代纸币发行末期的情况。为了防止这种结果出现，一个市场只有一家机构拥有发行现金的特权才是有效率的。因此，现金市场不存在自由竞争的均衡，这就是当前世界各国只有中央银行才有发钞权，不允许商业银行发行的原因所在。在一些没有中央银行的地区，一些经过特许的商业银行也可以发钞，比如香港。但是，此时商业银行发行现钞，必须有足额的储备。如香港实施与美元挂钩的联系汇率，发钞行在发行港币时，须按 1 美元兑 7.8 港元的汇价缴存 100% 的美元准备，并换取金融管理局在外汇基金账目下发出的无息负债证明。

　　一般地，在讨论货币供给机制时，货币主义者通常承认贷款创造存款的这一过程，银行存款货币是一个内生变量。

但他们进一步提出，借助于货币乘数，银行债务货币的供给受到基础货币的制约，而基础货币是央行的负债，是由央行决定的。因此，中央银行通过控制基础货币实现对货币供应量的控制。从这个意义上讲，货币发行权是属于政府（央行）的，流通中的货币量是受政府控制的。

后凯恩斯主义者对此的反驳是，中央银行的基础货币供给行为也是内生的。原因在于，现实中央行并不能有效拒绝商业银行对借入资金的需求。因为如果央行坐视商业银行陷入流动性危机而不顾，意味着央行自动放弃维持整个银行体系流动性和"最后贷款人"的职责。如此，央行就没有存在的意义了。因此，后凯恩斯主义者认为，央行的基础货币也是内生的，整个银行货币体系都是内生的。从这个意义上讲，在货币发行权上，商业性需求的力量要大于政府的意志。

实践中，央行可根据调控需要，主动地增加基础货币供给，可以说银行货币具有一定程度上的外生性。但是，由于央行无法拒绝清偿它的负债（现金和准备金存款），银行货币的外生性会大打折扣。

一般来说，银行货币具有更多的内生性。

接着讨论一个被忽视的现象。

商业银行的存款货币是付息货币，可以观察到不同商业银行对其负债的付息水平（或资金成本）是存在一定差异的。比如相同情况下，为了竞争到存款，小银行不得不支付更高的利息。这种差异反映了存款市场同样存在商业银行之间的竞争，同时说明了不同银行的存款货币是异质的。其实道理很简单，不同信用等级的企业，其在公开市场上发行债券的利率会有所不同。一般来说信用等级高的企业，其债券的利率会低一些。我们知道，银行存款是银行的负债，商业银行之间在规模、能力等方面是有明显差异的，为什么大银行与小银行、经营良好的银行与经营一般的银行，其负债（存款货币）会在市场上等值、无差别流通呢？

如果数家银行的存款货币不等值流通，货币领域的混乱程度可想而知。不同银行存款货币的等值、无差别流通，大约可能是法律，或者是货币制度赋予的。制度是制度，道理是道理。我们讨论一下，这一被忽视现象背后的道理。

西美尔在《货币哲学》中提出一个命题：货币的质唯独由其量而定。诚然，货币作为价值标准，最好的形式应当是具有最少个体特质（实际用处）的东西，只有那种除了作为货币之外再也没有别的什么用处的东西，才是最理想的货币。在这方面，金银优于普通商品，纸币优于金银。纯粹的货币，在正常情况下，其量即其质，从个体到总体，都有其道理。但西美尔描绘的纯粹的货币可能只是一种理想状态。按照市场惯例，负债主体的信用等级不同，其债务的质量会有差异。为什么不同银行的存款货币，在市场上能够无差异地流通、充当支付手段呢？笔者认为，这是银行货币体系的一个软肋，或者说是货币金融领域一些问题的根源。

运行良好的货币系统可确保经济体系有序、协调和有效地运行。在银行货币流通条件下，银行货币同名同价而不同质这一状况的真实存在，必然会为货币供给进而给货币流通的激励结构带来根本性的影响。比如，如果一家银行的资产质量欠佳，就说明其存款货币供给没有按照真实的市场原则进行。如果这种现象长期存在，就会导致资源配置扭曲，这是资源的浪费、经济效率的低下。再如我们常见的，如果一个国家的银行货币供给受到扭曲的社会经济结构制约，那么这个国家的银行货币供给行为，就会进一步迎合扭曲的结构和激励，进而变得更加不合理，阻碍市场机制应有的自我修正功能的发挥。

市场机制在某种程度上可以修正存款货币质的差异。假设信息是对称的，市场处于一种类似于完全竞争的状态，人们对每一家银行的风险特征都心知肚明，不同银行发行的债务货币在可被接受的范围内，各自承担不同的付息成本来调节存款货币市场的均衡。一般而言，发行具有较高风险特征债务货币的银行，需要多支付一些利息补偿。事实也是如此，小银行通常需要支付更多的成本才能揽到存款。这样，依靠市场机制和利率调节，不同的银行机构在存款货币供给方面可以实现自由竞争。但是，市场是不完全的，假如信息严重地不对称，利率水平再受到一定的管制，市场机制和利率调节的修正作用，就会大打折扣。

假设不考虑利率发挥作用的限制因素，理论上讲，成本负担可以约束商业银行存款负债的扩张。但在现实中，银行是一个以规模取胜的行业，正如生存比发展更重要，对银行来讲，规模是比利润更为重要的因素。银行在经营中可能会出于规模扩张的考虑而放弃利润（预算）约束，这正是现代银行危机的根本原因。

然而，现实中人们觉察不到不同银行债务货币的差异。导致人们不关心存款货币差异因素的，是银行的存款货币与现金（法定货币）可以自由兑换的承诺。为了维系这一承诺，现代金融体系有两个制度：最后贷款人制度和存款保险制度。其副作用是，最后贷款人制度打消了商业银行对发行债务货币所应有的自我约束的念头，存款保险制度取代了市场对商业银行债务货币的选择和监督机制。

最后贷款人制度源于银行部分准备金制度。由于"金匠法则"，商业银行发行货币实行部分准备金制度。这一制度的缺陷是明显的，当存款人集中兑现时，即便是经营再好的商业银行也无力满足，由此将导致流动性危机以及商业银行破产倒闭。为稳定金融市场，紧急关头中央银行担当起救助重任，利用其发行的银行券（现金）是法定货币的优势，为商业银行提供流动性支持，帮助其渡过难关。中央银行的最后贷款人职能是短期的流动性支持，其内涵是金融机构只是暂时缺乏流动性。后来，资不抵债的金融机构也开始受到央行贷款的照顾，理由是资不抵债的金融机构会威胁到系统稳定。从理论上讲中央银行提供最后贷款人支持，是在其他方式已经使用或者其他方式不能满足需要的前提下的"最后"手段，目的是维护整个金融系统的稳定，而不是救助某家机构。但现实中很难判断某家机构的倒闭是否会产生严重的系统性影响，出于谨慎考虑，央行往往会放宽救助门槛，其最后贷款人权力就会被商业银行过度利用。原因很简单，商业银行保存准备金比例越小，其赢利的空间越大。在央行最后贷款人的潜在保证下，商业银行无须为保证支付过多的储备流动性。

存款保险制度是指符合条件的各类存款性金融机构集中起来，作为投保人按一定存款比例缴纳保险费，建立存款保险准备金，当商业银行发生经营危机或面临破产倒闭时，存款保险机构向其提供财务救助或直接向存款人支付部分或全部存款。存款保险制度最早出现在美国，美国联邦存款保险制度产生的直接原因是 20 世纪 30 年代的经济大萧条。从 1921 年到 1929 年，银行经常采用暂停兑现来缓解商业银行流动性不足的问题。美国证券市场崩溃一年后，从 1930 年 10 月开始，美国又爆发了空前的银行大危机，1930 年有 1350 家银行倒闭，1931 年有 2300 家银行倒闭，1932 年有 1450 多家银行倒闭，1933 年情况恶化到极点，共有 4000 余家银行倒闭。经济衰退到历史最低点，美国有 1/4 的劳动力失业，公众对银行失去信心，银行倒闭风潮加速进行。1933 年 3 月，罗斯福就任美国总统，宣布全国银行从 3 月 6 日起停业。后国会通过"1933 年银行法"，即《格拉斯—斯蒂格尔法》，主要内容有两个：一是建立由众议员亨利·斯蒂格尔提出的存款保险制度；二是建立由参议员卡特·格拉斯倡导的银行业与证券业分离制度。据此法成立的联邦存款保险公司为所有参与保险的银行提供存款保险。目前全球有 110 多个国家和地区建立了各种形式的存款保险制度。有些国家虽没有正式建立这一制度，但事实上也在向公众提供存款安全保障：在银行倒闭时，政府会采取某种形式保护存款人的利益，因而形成了公众对存款保护的预期。

在存款保险制度的保护下，由于选择哪家银行无关金融资产安危，存款者自然就没有选择好银行的动力。从商业银行的角度而言，由于存款者选择机制等市场监督机制的缺失，其在日常业务中就倾向于承担过多的风险，选择具有较高收益、较高风险的项目。

不同商业银行存款货币之间的差异以及由此导致的市场竞争，在部分准备金制度下，有可能导致一些商业银行倒闭。但是，银行倒闭往往不是一个孤立事件，特别是在市场信息不透明的情况下，一家银行的倒闭可能会引发连锁反应。在此情况下，为商业银行提供的央行流动性支持，以及为安抚市场情绪而提供的存款保险保障，在很大程度上解除了银行的后顾之忧，维持了金融市场的稳定。但是，这些制度的确立和实施，也带来了道德风险问题，会扭曲银行货币供给和流通的激励结构。

简单地讲，最后贷款人制度对货币流通的不利影响包括以下几个方面。一是无形中鼓励商业银行过度承担风险，过度使用存款货币发行权，向市场提供劣质货币（发放较高风险的贷款）。二是央行充当最后贷款人，实质上是用基础货币来购买商业银行的劣质资产，进一步恶化了流通中的货币质量。三是过度使用最后贷款人手段会加大通货膨胀压力。中央银行有可能通过一系列的制度安排来对冲操作以减轻通货膨胀压力，但这种情况下，因为中央银行解救坏银行的努力，好项目和坏项目、好银行和坏银行混同在一起，整个银行体系的效率由此降低。

存款保险制度对市场机制的伤害更为严重。在没有存款保险制度的情况下，依靠市场机制和利率调节，不同银行货币质的差别可以通过商业银行承担的利息水平来体现，客户会要求商业银行提供与存款货币质的特征相符的利息补偿。当某家银行承担过高的利率水平导致其供给存款货币无利可图时，这家银行就会退出存款货币发行市场，从而可保证市场流通中存款货币的质量。但是，有了存款保险制度以后，存款者不再关心存款货币质的差别，选择银行的标准就可能变为利率水平和便利性了，通过市场利率调节货币供给的机制也就失效了。这种情况下，存款者不会从风险的补偿而是从单纯的赢利角度来考虑商业银行的利率标准，存款市场将奉行简单的"价高者得"信条，结果是商业银行存款市场的竞争倾向于单纯的利率维度。如此下去，银行业存款市场的均衡，要靠利率管制或市场准入（发牌照）管制等手段来实现。

在银行货币体系下，只要存在最后贷款人制度和存款保险制度，市场机制就难以在货币供给环节有效发挥作用。那种风险与收益不匹配、伴随高风险特征的项目贷款供给出来的劣质货币，与遵循风险与收益相匹配原则供给出来的优质货币，一同在市场流通。这会带来两个结果，一是那些明显不符合商业效率标准的商业银行持续在市场上生存，二是所有的商业银行都倾向于供给劣质货币，越是较少受到管制的商业银行规模扩张速度越快，它们抓住一切可能的机会，向市场注入质量低下的存款货币。市场不明就里，反而美其名曰这些银行具有高效率。

通过最后贷款人制度和存款保险制度来维系商业银行存款货币的可兑换性，抹平了存款货币质的差异，必然导致货币流通激励结构的扭曲，影响银行体系的效率进而影响经济的运转效率，为银行体系的安全性埋下隐患。

但是没有办法，现实可能远非逻辑所能说明。既然如此，为何这两个制度在世界范围内依旧大行其道呢？原因很简单，也很现实，因为市场上流通的存款货币，必须是无差异化的。为了维护稳定的货币流通，在制度上只能将不同主体发行的存款货币同质化，让它们无差别地进入流通。同时，为了弥补缺陷，金融监管方面确立了一些制度，比如牌照制度，比如监管标准对不同银行的区别对待，限制中小银行的区域范围、业务范围等。如果这些标准放松或者得不到严格执行，现实中的表现就是货币金融领域的混乱。

这也说明，在现代货币金融制度下，价格稳定（币值稳定）和金融稳定，其实是一回事，是一枚硬币的两面。

利率：现代银行货币体系之锚

聊货币不谈利率，犹如选商品不问价格，远非明智行为。况且，现代银行货币体系之锚，就是利率。

利率几乎可以渗入所有的经济现象之中。

费雪在《利息理论》中讲："收入是一系列的事件。"相信在这一系列事件中，处处都有利率的影子，因为有观念上的或者现实中的货币掺杂其中。现代社会中，诸如收入、成本、利润、就业、物价、增长，甚至是国际收支等变量，背后都有利率的影子。很难分清楚，是利率影响了这些经济变量，还是这些变量影响了利率水平。

还有人试图将利率与一些经济领域之外的因素联系起来。比如奥地利经济学家庞巴维克曾经讲过，利率是一个国家文化水平的反映，一个民族的智力和道德力量越强大，其利率水平越低。做出如此判断，大概与其所处时代的局限性有关。一般而言，智力、道德和文化水平，与一个国家民众生活水平相关，这些当然是经济发展的结果。而一个国家的经济发展水平，除了受自然禀赋影响之外，主要看这个国家是否有好的市场经济制度。归根结底是经济制度决定了经济表现，而有良好经济表现和持续经济增长的国家，其利率水平相对平稳且处于相对较低的水平。智力、道德和文化水平只是这个过程的副产品，这些因素碰巧与利率水平具有相关关系，而非因果关系。

利率可能会有社会影响，但它归根结底是一个经济现象。

利率是借贷资金的价格。

在经济学教科书中，利率水平是机会成本和风险溢价之和。机会成本可视为无风险利率，通常指国债利率。而风险溢价与借贷资金的使用及使用人有关。一般而言，高风险高收益，债权人倾向于向有更高风险特征的债务人收取更高的利息补偿。债务人愿意接受较高的利率，或许是因为他有信心赌一把。

利率是金融市场的价格基准。利率高低决定了投资收益在债权人和债务人之间的分配比例。一般而言，更高的利率会激励货币持有人推迟消费，借出更多资金。而更低的利率水平能放松债务人的财务约束，更多的盈利预期会激励他们产生更多的投资欲望。所以，利率是平衡储蓄与投资的纽带，并通过平衡储蓄与投资，成为协调社会供给与需求的关键。货币利率的高低，最终由实物资本品相对的过剩或不足来决定，作为市场势力角力的结果，利率是市场均衡的结果。

利率也是调节市场均衡的工具。货币当局对物价施加影响的主要手段就是利率。我们知道，价格是市场经济的核心。由供求关系决定的市场价格，反过来又是调节商品供求的利器。价格走高激励厂商提高生产供给，价格下降会刺激人们消费。为什么会有价格？因为有货币。只有货币才具有化质为量的能力，能够将物质世界连在一起。各种物品之间，通过（货币定义的）价格相互比较、交换，以满足人们的多样化需求。与商品市场类似，现实中活跃着一个货币资本市场，通常被称为金融市场。这个市场的主要任务，是解决货币资本如何配置（即生产能力和资源配置）才会更有效率的问题。人们在市场活动中发明了多种多样的金融工具，以满足多种多样的融资需求，使货币资本的配置更有效率。在金融市场里，就像货币是所有商品的价格基准一样，作为借贷资金价格的利率，是整个货币资本市场的基准。教科书中有一个收益资本化的原理，讲的是金融工具的定价原理，即用收益率与同期利率相比较，计算出一个金融工具带来的收益相当于多少货币的收益。在这里，利率就像一把尺子，度量出不同金融工具的市场价格，如同用货币度量商品的价格一样。股票、债券以及形式多种多样的金融产品，它们的价格基准，就是利率。一般而言，市场利率水平与金融资产价格呈反向变动关系。

利率是现代银行货币体系的锚。

为了介绍利率日益重要的市场地位，有必要简要回顾一下当前的货币体系。毫无疑问，现代货币体系是人类有史以来最好的货币体系，它有着央行 – 商业银行双层架构。在货币供给上，央行通过主动负债（有时候也很被动）向商业银行体系注入基础货币（现金＋准备金存款），商业银行则通过发放贷款为社会提供存款货币。在货币的使用和清算中，同一银行的客户通过存款货币在不同账户之间的划账完成各种交易清算，不同银行的客户由开户行通过在央行的准备金存款账户上划账完成清算。在这种双层架构设计框架内，理论上央行可以通过控制基础货币供给，控制整个社会的货币供应量。事实上，这可能会受制于商业银行的放款意愿，在实践中，央行对基础货币供给的调控能力往往受到干扰。比如央行很难拒绝对准备金存款不足的商业银行提供流动性支持，因为相对于惩罚一个经营鲁莽的银行来讲，保障整个银行清算体系运转畅通更加重要。再比如央行不能拒绝回收社会上过多的现金，当社会对现金的需求减少之后，央行不得不收回这部分基础货币供给。存款准备金率的作用在理论上也被夸大了。现实的例子是，那些没有存款准备金要求的国家，货币供应量并没有出现泛滥态势。同时，由于金融市场日益复杂，金融工具日益繁多，货币政策对信贷市场、金融市场的影响，日益看不清楚。顽固地存在于传统教科书中基础货币与货币供应量的关系，在现实中已经很难得到准确证实，以至于货币乘数的概念正在被研究者遗忘。众所周知的、逻辑严密的那个基础货币乘以货币乘数等于货币供应量的公式，似乎已经靠不住了。由于创新金融工具不断涌现，货币定义被金融市场的现实所污染，货币供应量也很难有一个确凿的数据。国际清算银行货币与经济部门主管 Claudio Borio，在 2018 年 11 月 15 日于华盛顿特区卡托研究所举行的第 36 届年度货币会议上，发表主题演讲称，央行的基础货币已经不再是现代货币体系的终极锚，似乎只有利率——中央银行的利率水平，才能锚定这个日益复杂的货币体系。

还可以从另外一个角度来说明利率在现代货币体系中的重要性。银行货币是债务货币，是货币发行者对货币持有人的债务。在商品和劳务的交易过程中，银行货币并非唯一的媒介和支付方法。事实上，交易双方还可以选择推迟清算，直到找到双方都满意的可清算标的实物为止。历史上和当下现实中，这种做法都比较普遍。这种做法的实质，就是债务取代货币成为交易媒介。在现代社会，交易双方选择以债务形式达成交易，还是选择以货币支付即时清算，无论抛开社会信用环境因素（社会信用环境差的情况下对货币的需要量往往较大），还是考虑社会信用环境因素（此时货币就成为一种特别值得信任的债务），社会对货币的需求均取决于持有货币的机会成本——利率。综合银行货币是内生货币、"货币的量就是货币的质"等因素，显然，利率就是现代银行货币体系的锚。

利率是现代货币金融体系的牛鼻子。

现代货币体系要良性运转，必须保持币值（物价）稳定和金融稳定。币值稳定和金融稳定应当是统一的，但也会存在互相矛盾的时候。比如为了救助陷入危机的银行，央行打开货币闸门可能导致货币贬值，此时为了金融稳定就有可能损害币值稳定。当相互矛盾的时刻出现后，政府会在二者之间做出取舍。一般而言，结果毫无疑问是为了金融稳定牺牲币值稳定。尽管决策者知道货币贬值、通货膨胀的危害，但相对于将来的物价问题，解决现在的生死问题往往更重要。货币史上，这种现象层出不穷。

当前，币值稳定是央行的货币政策目标，而金融稳定主要依靠运作良好的监管体系。货币政策主要通过价格操作（利率水平的调节），而银行监管部门则主要提出并监督资本金、流动性等指标。这两个看似分离的保障现代货币体系的系统，内在统一于利率之下。货币政策通过利率影响货币供求进而调控币值，银行的信贷杠杆、资本金积累以及流动性资产配置等，既是利率水平变化的长期结果，也是当下利率水平的市场反应。利率才是现代货币体系的牛鼻子。

利率是一个经济现象，是调节利益分配的杠杆，是一把"双刃剑"。

历史地看，利率伴随着货币的演进，是人类社会发展的工具。但是，利率也有可能带来负面影响。人类欲望的无限，可能会通过利率这一渠道带来灾难性的后果。比如说，长期的低利率有利于金融市场繁荣，而金融繁荣容易造成资源的错误配置（如过多的资源流入房地产行业），"利之所在，虽千仞之山，无所不上"。利益的自强化机制，会进一步误导、迫使人们一步步地走向危机之路。当经济增长乏力时，决策者往往会诉诸低利率政策。就像当今世界一样，很多人都明白，低利率，特别是极低的利率，带来的结果不是信贷的增加，而是信贷总量的减少，因为放贷人失去了放贷的积极性。人们嘴上讲低利率会刺激信贷需求和投资热情，他们看到低利率政策对拉动投资无效之后，仍旧坚持低利率政策。这使我们不由自主地怀疑，他们担心的不是融资问题，而是巨额的利息成本。实施低利率政策，其实质意义，是要求当前的经济为以往的失误埋单，他们希望为过去鲁莽的投资支付最小的成本。当然，在他们看来，利率最好为负。

但是，负利率或者低利率政策是在有利于债务人的同时，损害储蓄者的利益。历史无奈地走到这里，这些罔顾基本经济原则和常识的做法大行其道，是对人类理性的侮辱。当然，也是自取其辱。或许是因为人们的储蓄偏好大于消费偏好，几十年来日积月累，形成如此有悖常理的现象。

但是，没有人愿意自觉地从低利率政策中走出来。因为所有的既得利益者，会一致反对提高利率。尽管一个相对较高的利率水平，有利于经济的长期增长——高利率会埋葬垃圾项目，为优质项目争取资源配置优势。但决策者们，不论是为了获取支持还是担心阻力，均会打消提升利率的念头。

负利率和低利率除了能够减轻负债者的成本负担之外（这本应该是他们攫取利益应当付出的代价），缺少可以证明的绩效表现。旁观者应当清楚，负利率解决不了任何问题，它只能添乱，它本身就是一个巨大的、不可承受的问题。但是，这丝毫阻止不了全球对负利率的一片欢呼。这说明，这个世界的经济体系真的出问题了。

问题的根源可能在于中央银行制度，这个在历史上有效运行一二百年的制度装置，在日益复杂的社会经济问题面前，被赋予了太多可能超出它自身能力范围的重任。中央银行本来是协调货币金融制度的一个顶层设计，它的作用范围应当局限在货币金融体系之内。但是，多年来，当社会经济发展不尽如人意时，政治家和社会公众都不约而同地将目光投向中央银行，似乎中央银行是这个世界的大救星一样。有人认为，2008 年金融危机以来，央行挺身而出拯救世界经济，在金融危机期间进行大胆的创新行动，使整个世界避免了一场旷日持久的大衰退。近几十年来各国央行的高调表现，似乎耗尽了它们的元气。美国前财政部长萨默斯说："在当今世界，靠中央银行的应急措施作为增长策略的空间，已经穷尽。"在央行的货币政策工具逐渐失灵之时，唯一的货币体系终极锚——利率，也面临挑战。是否世界要结束一个债务周期，重新开启另一个崭新的债务周期呢？

前任美联储主席伯南克说："为了国家的长远利益而做出政治上不受欢迎的决策，是美联储存在的一个理由。"在当前的经济和政策现实中，重温这句话，是否有些别样的意味？

或许，货币对经济的作用，在决策者眼中被过分放大了。经济是否会出现危机，从根子上讲，在于生产性制度安排与分配性制度安排之间的裂缝，是否大到会撕裂经济体。市场和社会的管理者为了对付流动性问题，为了不让泡沫破灭所做的努力，有一个不容忽视的副作用，即拉大贫富差距。或者说，一次危机的消除，将以埋下另一次更大的危机诱因为代价。说些题外话，无非想表达一个意思，如此重要的利率，也不能包打天下。

利率简史：问题不在于利率水平高低，
　　　　　而在于借贷行为是否规范

简单描述一下利率的时间轨迹。

从起源上讲，有借贷才会有利率。当然，利率高低也会影响借贷。在利率的时间轨迹中，利率慢慢地反客为主，成为决定借贷量的关键因素。原因在于，借贷的目的随着时间流逝，慢慢发生了变化。

（一）中国历史上的借贷，多为短期（期限超过一年的极少），且贷款的主要目的是消费需要。正常情况下，人们为生活所迫或者面子需要，借债渡过难关。这种情况，利率通常会比较高。

这里隐含着一个意思，就是我们不能用今天的观点看历史上的借贷。

与今天借贷已经普遍渗透到各个领域不同的是，历史上的借贷发生在极狭小的领域内，且与人们的生活密切相关。简单讲，历史上的借贷，不是为了将来要如何如何，而是为了今日。如此情况下，高利率是可以理解的。

（二）见诸文字记载的政府对利率的限制与调节，早在西汉时期就已经存在。史籍记载，有因对封邑上的百姓收取太多利钱而被削去封号的诸侯，大约当时借贷利率超过 100% 是不被允许的。

司马迁讲，从各种生意中获得回报，每年大约 1/5 或 1/3。他认为收取 1/3 的利率太贪婪了，收取 1/5 的利率是一个正常的水平。王莽时期，为了帮助百姓，发放政府贷款，收取 3% 的月息。月息 3% 在当时应当是一个比较公允的利率水平。

（三）北魏时期有"一本一息"的说法。即"一份本钱，一份利钱"，官家禁止利息超过本金。"一本一息"，计算周期应当是一年。

（四）利率水平的历史轨迹，总体上呈现下降趋势。

关于政府允许的最高利率，从唐朝开始便有了相对完整的文献记录。唐朝初年，政府规定最高利率水平为月息 6%。大约从 728 年，唐玄宗开元年间开始，最高利率水平降为月息 4%。后来元、明时期，进一步降至月息 3%。

但是，文献记载真实的利率水平往往高于政府的限定。唐代正常的利率水平，是月息 4%~6%，最高不超过 8%（限于"一本一利"）。宋、元明以后降至 3%~5%。总体上，还是呈下降趋势。

（五）到了清朝、民国，利率水平进一步下降。

根据各地政府颁布的法令，18 世纪最高利率为月息 3%，到 19 世纪则降至月息 2%。民国时期，法定利率上限为月息 2%。当然，这只是政府官定上限。政府力所不及之地，特别是广大的农村以及城市的角落处，高利贷依然盛行。当然，也有人举出反例，说有的人情借贷是不计利率的。但是，人情借贷超出了经济的范畴。

（六）历史上的借贷行为，很少有与生产发生联系的。

中国历史上的借贷，借款者多是为了渡过眼前难关，而不是出于对未来的考虑。这种借贷具有一定的刚性特征，与消费、民生联系在一起。历史上，政府为何严令限制借贷利率？原因就在于那时的借贷关乎性命，影响社会稳定。

明清以来，中国经济重心南移，商业活动兴起，商人借贷周转，也是不争的事实。不过此种借贷，纯属经济行为，受经济规律制约。这些借贷支付的利率水平不可能高于商家盈利水平，反映在历史上，越是大规模的借贷，利率水平往往越低。

（七）政府应当警惕民间借贷利率水平。

数千年以来，那些受生活、面子消费所迫而发生的借贷行为，不受经济规律制约，非市场自身力量所能约束，是非理性的经济行为。这种借贷行为，其后果及其扰动的问题，不是单纯的经济范畴内的问题，而是民生问题、社会问题、政治问题，不容小觑。近几年发生的互联网金融乱象，如P2P、现金贷等，其手法均因袭历史而来，是丑陋的高利贷借现代技术手段的死灰复燃，不是金融创新。从严从重打击，势在必行。

（八）在中国，为生产而借贷，还是一个比较"幼稚"的行当。

为生产而借贷，历史上少有。当今如果剔除国有经济借贷的因素，这方面的案例也比较少。为生产而借贷还是一个比较"幼稚"的行当。有人讲，将银行开成了当铺。在缺少商业经验、制度安排、市场习惯的情况下，这些正规的金融机构不按当铺的行规从事，又能如何？

近些年来，银行的借贷业务，面对民营经济和个人的部分，为消费（包括房贷）而借贷，其规模应当远远高于为生产而借贷。这种业务格局，是有其历史传承的。消费信贷应当还会有大的发展。

（九）回到利率上来。降低利率以惠及中小企业的说法，是伪命题。如果要帮助中小企业，比利率更重要的事情还有很多。再说，利率降下来了，中小企业就能贷到款了吗？恐怕利率越低，中小企业能够贷到款的可能性就越小吧。

（十）中国的借贷市场，不是一个统一的市场。

举个简单例子，中国的借贷市场上存在身份歧视。同一个市场主体，有可能同时游走于不同的市场之间牟利。反映在利率上，可能就是大企业借贷利率在年息 5% 以下，小企业在年息 10% 以上。这种状况已经有好多年了，有些大企业以低于 5% 的成本拿到钱，转手以 10% 以上的利率贷给小企业，从中牟利。为什么？因为不统一的市场，给了他们牟利的空间。所以说，解决中小企业融资难、融资贵问题，重点不是降利率，而是平整市场。金融供给侧改革，如果能斩断大企业通过倒卖资金牟利的通道，就是极大的收获。

（十一）2020 年 8 月，最高人民法院发布修订的《关于审理民间借贷案件适用法律若干问题的规定》，对民间借贷利率司法保护上限作出调整，以一年期贷款市场报价利率的 4 倍为标准，确定民间借贷利率的司法保护上限，取代原有"以24% 和 36% 为基准"的上限。据此，若按 2020 年 7 月 20 日发布的一年期贷款市场报价利率 3.85% 计算，当前民间借贷利率的司法保护上限为 15.4%，与过去相比，有较大幅度的下降。

民间借贷利率的司法保护上限下降，在很大程度上是受市场利率走低的影响。因为原 24% 的水平是按照当时 6% 的一年期贷款利率的 4 倍计算而来的。一年期贷款利率的 4 倍，这个标准没有变。但是，相比过去的情况，此次规定明显收紧了对民间借贷利率上限的容忍度。过去的标准，可分为"二线三区"，即 24% 以下的是司法保护区，24%~36% 的是自然债务区，36% 以上的是无效区。此次规定不仅随行就市下调了利率上限，还规定逾期利率、违约金、其他费用之和也不能超出司法保护上限，即当前的 15.4%。

这一规定影响了商业银行的部分业务。按照 15.4% 的标准，当前信用卡分期业务有部分在超标的边缘游走，信用卡现金贷业务，就有很大可能需要调整了。持牌消费金融公司，将近一半的业务要重新设置了。对小贷公司的影响可能更大，部分小贷公司可能因此无法实现风险覆盖的要求，业务规模缩减，成为大概率事件。

民间高利贷会因此受到打压吗？答案是不一定。因为民间高利贷一直行走在合法与非法的边缘地带，高利贷者保护自身债权，也很少有依靠司法的。如果高利贷从业者依靠司法来保护他们的债权，这些人早就破产了。他们担负不起昂贵的司法成本，仅仅时间上就拖不起。所以，最高人民法院的最新规定，对民间高利贷行业肯定有影响，但不会太大。

大幅降低民间借贷利率上限，影响最大的，可能是个人和小微企业。商业银行、消费金融公司和小贷公司因此收缩业务，个人和小微企业可能会转向不那么阳光的民间借贷。

政府干预利率水平，历史上好像少见成功案例。

问题不在利率水平高低，而在借贷行为规范与否。

债务人与债权人的权益，应当一视同仁，否则，政策难免偏颇。

货币价值：形式不重要，重要的是其购买力

可以将货币看作人类社会的信物，人们凭借货币这一信物，交换他们想要的东西。现在看来，信物的外在形式，不是最重要的。重要的是货币身上携带的承诺，是否能够兑现。能，货币就在；不能，货币就消亡。货币发行者（政府）必须保证货币这一信物承载的信任。从来处讲，远古时期的神权（宗教信仰）、历史上的君权和现代社会政府的权威，赋予了货币以信物地位。往去处看，货币作为信物体现为其购买力。

在经济关系上，持有现金意味着对中央银行的债权。不过，与其他债权不同的是，中央银行似乎永远不需要偿还这部分债务。现金一直在流通中使用，人们接受并持有现金，是为了积累财富、清偿债务，或者购买他们需要的东西。现金被当作最终的清偿手段，用以了结商业往来中债权债务关系。正常情况下，没有人想到，也没有现实可能向中央银行追偿债权。非正常情况下，现金被弃用，或被驱逐出流通领域，那时也没有可能再向发行货币的中央银行追偿债权。

需要强调的一点是，货币制度是人类社会的基本制度。人类社会很多制度设置，建构在货币制度基础之上。甚至法律制度，也借助于货币制度，而不是像我们日常理解的，货

币制度依赖于法律制度。通常的说法，货币地位法定，是法律赋予了货币最后清偿手段的角色。事实上，货币作为社会的基础构件，比法律更为基础，诸多法律关系的识别建立在货币的基础之上。货币流通的实践，比如事实上无须偿还的债务（最终的清偿手段）、跨境流通，以及超越法律关系的社会普遍接受性等，说明支撑货币信物地位的，是比法律更为基础的东西。法律确立法定货币地位，只是外在的强化和补充。

货币的价值就是其作为信物的价值。至于货币为什么具有价值，则是货币理论的基本问题。归纳起来，大概有以下几种解说。

一是劳动价值学说，如英国古典政治经济学的三位主要代表人物，威廉·配第、亚当·斯密和大卫·李嘉图都认为，金、银的价值取决于生产它所需要的劳动量。

二是生产费用学说，如重农主义的先驱理查德·坎蒂隆，庸俗经济学的主要代表 N.W. 西尼尔等，认为货币的价值取决于生产它所需的生产费用。

现在来看，劳动价值学说和生产费用学说，具有时代局限性，建立在人们对事物直观的、短视的、片面的认识和理解基础之上。

三是边际效用学说，如奥地利学派的主要代表人维克塞尔和米塞斯都认为，货币之所以能同商品相交换，是因为货币与商品的边际效用相等，货币的效用即其主观的交换价值，由使用其所能够购买的一般商品的效用所决定。今日货币的效用从昨日货币的购买力，即其所能购买的一般商品的效用导出，昨日货币的效用又从前日货币的购买力即其所能购买的一般商品的效用导出。如此追溯，就可以说货币的价值由最初充当货币作用的商品的效用所决定。

四是货币名目论，认为货币是一种符号，货币价值由国家规定（货币国定论）或在流通中形成（职能价值论）。

五是货币金属论。将货币和货币金属等同起来，从货币金属的商品价值中探求货币的本质；认为货币是一种商品，货币价值由货币材料的价值所决定。劳动价值论和生产费用学说都可以看作货币金属论的范畴。

六是货币数量论。早先的货币数量论认为货币只有流通才有价值，将货币数量和商品数量作机械的换算，从中得出货币数量决定物价的结论。后来，经费雪、马歇尔、庇古，一直到弗里德曼所倡导的现代货币数量论，有了较大发展。货币数量论从其首创人法国政治思想家 J. 博丹（1530~1596年）至今已经盛行四五百年，成为学者解释货币价值和一般物价的主要学说。原因可能是货币数量论在某种程度上可以包容货币名目论和货币金属论。

七是新制度经济学范畴内的一些探讨。他们通常认为，法定货币因其能够提供服务而有价值。一般来讲，货币提供的服务，是其作为计价标准和支付手段可以节约交易成本。不过在这一语境下，货币是因为流通而有价值，还是因为有价值才能够流通，是一个不易说清楚的话题。货币史的真相是，在货币起源的意义上，货币因其有价值而进入流通。但货币史的表现是，货币价值的确是由其流通状况来决定的。

货币数量论的主要观点，比较符合日常生活体验。比如，通货膨胀肯定是货币过多，通货紧缩一定是货币不够用。现代经济波动，以及维系经济运转的信用收缩或扩张如大海之波涛，起伏不定。黄金、白银等实物为币时期，一是货币数量不够，二是货币供应弹性不够，导致快速发展的经济饱受货币问题困扰。货币摆脱物的桎梏以后，通过信用变动调节，货币量与经济总量波动大体上保持协调一致。但是经济波动带动货币量变化（内生货币），还是货币供应量伸缩驱动经济波动（外生货币），不易讲清楚。按照货币数量论的说法，货币价值是由货币量决定的，那么，货币量由什么决定呢？从技术上看，决定货币量的，一是中央银行发行的基础货币量，二是整个金融体系运行效率综合得出的货币乘数。但是，没有需求也就没有供给，在货币币值保持稳定的前提下，实体经济运行对货币的需求，才是最终决定货币量的因素。如果货币币值不稳定，货币量的决定因素，就会复杂很多。

谈到价值，如果搞不明白问题的出处，逻辑上极易陷入循环论证的陷阱。在世俗世界，回到西美尔《货币哲学》中的那句话上来，"货币的量就是货币的质"就足够了。也可以这样理解，不变的应当是货币的质，可变的是货币的量。如果货币的量的变化，不影响货币的质，应当就是一个理想的货币制度了。

货币史上也是如此。

千百年来，货币的名称和外在形式虽历经千变万化，但其内在的象征价值，从来没有变化过。人类社会文明的进步，推动整个社会的权力结构，从神权、君权，转到民主政权。相应地，货币内在的象征价值的来源，也从远古时期人类的崇拜，转移到君主威权，再转到政府身上。货币是政权的重要组成部分，政权稳定，货币稳定。政权不存在，它的货币必定消失。当今社会，货币发行是政府的金融权力，这意味着，政府必须为货币问题负责。由于金融权力是极容易被误用或滥用的权力，一旦发生这种状况，通货膨胀等市场反应，会在较大程度上约束政府发钞的行为。当前的货币量在很大程度上就是政府与市场较量的结果，换句话说，当前的货币的质是政府与市场较量的结果。

市场是客观的，市场规律发挥作用是可预期的。货币方面如果出了问题，可以肯定是政府的问题。所以说，货币虽然作用于物，体现为物，但牵动货币价值的那根弦，掌握在人手里。货币的价值，在某种程度上取决于货币制度，更取决于掌控制度的那些人的良知与能力，如果真的有人可以掌控制度的话。

货币价值的外在表现，一般来讲有三种形式。一是货币的对内价值，是指货币在国内市场上的购买力，主要用国内物价指数衡量。二是货币的对外价值，即货币在国外市场上的购买力，可以用汇率来表示。三是货币的时间价值，表现为货币在不同时间上的购买力差别，可以用利率来衡量。货币的这三种价值都是货币政策所要考虑的，不同的是，不同国家或一个国家在不同时期"稳定币值"的重点不同，有时可能是国内市场的物价，有时则会转变为汇率的稳定，也有的时候重点可能在储蓄和投资的平衡（利率）上。但这三种货币价值的外在表现，内在是一体的，实际操作上往往也牵一发而动全身。

根据劳伦斯·H. 怀特《货币制度理论》中的说法，金本位制度的资源成本合理估计是占国民收入的 0.01%~0.05%。从使用货币的成本收益角度讲，如果通货膨胀率大于 4%，银行货币就不值得拥有。看来，怀特在选择研究标本时，高估了市场和理性的力量。如果以中国为标本，就会发现，至少1978~2008 年，货币量与经济增长之间存在稳定的关系，货币量的增加对产出有积极意义。不过，那 30 年的物价上涨率，大约会突破怀特讲的标准。

所以说，即便货币要贬值，只要通胀率相对稳定、可以预期，只要社会上还有产出潜力，货币对于社会经济是有正向价值的。只有极端的情况下，比如突发的、通胀率不稳定的、恶性的通胀，才会给经济带来较大的负面影响。不过在这种情况下的货币，大不了人们不用便是。

货币贬值：钱只有花了才能体现出价值

货币贬值是一个长期现象。特别是百十年来，银行货币体系下，世界各国的货币大多有着一个长期的贬值过程，区别只是贬值程度大小而已。有人估算过，从 1802 年到 2002 年，200 年间，美元年均贬值 1.4%。

"最抽象的东西是解决现实问题最有力的武器。"现实生长在那些抽象的东西之上。很多看似复杂，甚至是一团乱麻的现实，都有一个共同的根系。换个角度说，抽象的东西是智慧的人们从复杂的现实中剥离出来的精华。

货币就是太抽象的东西之一。"因钻研货币本质而受到愚弄的人，甚至比受爱情愚弄的人还多。"本节尝试着，从更抽象的层面谈货币，帮助人们回忆一下对货币的感觉。

方法是，用全国城镇居民人均可支配收入（按月计）的大致数额，放大到一百倍，然后将这个感觉（记忆）留存下来，与十年后同组数据对比。如此下去，就会形成不同时间段的货币记忆。这些记忆会形成（真实可靠的）货币币值的变化轨迹。借助感觉或者记忆的轨迹，就可以从大脑中零散的、捉摸不准的模糊记忆中，整理出一些清晰的结论来。

直接切入主题吧。

1989 年，普通人月均可支配收入约 100 元，放大到 100 倍为 1 万元。当时 100 元与 1 万元之间的差别，是绝大多数人一辈子都跨越不过去的鸿沟。20 世纪 80 年代的万元户，绝对是少之又少的大富翁。笔者清楚地记得，当时能抽五元一包的 555 烟的人，派头相当于现在拥有亿万元家财的小富豪。

1999 年，普通人月均可支配收入约 700 元，乘以 100 是 7 万元。人们在 1999 年日子比十年前好过多了，整体上社会生活质量的确提高不少，但生活还是普通人的生活，没什么大的变化，变化的是人们对 7 万元的感觉。在很多人眼里，7 万元已经不是什么遥不可及的目标了。当年笔者在金融行业工作，已经觉得攒下 7 万元，也不是什么难事了。

2009 年，普通人月均可支配收入约 2000 元，乘以 100 是 20 万元。那时，20 万元是城镇居民大多数家庭具备的财富能力。

2019 年，假定普通人月均可支配收入约 6000 元，乘以 100 是 60 万元。单凭这点钱，恐怕很难在大城市安居乐业。

如果选择以年收入为基数，或者将放大的倍数再增加些，对比的效果可能会更加明显，以至于有可能让您的感觉失真。以上虽然讲的是感觉，但是，经历过的人都知道，这些感觉是无法否认的事实。由此产生的问题就是，30 年来，钱"毛"了，还是居民收入和财富能力大幅提高了？答案应该是很明显的。数据是，从 100 元到 6000 元，人们的收入数据提高到 60 倍。但感觉是，现在拥有的 60 万元，远远没有 30 年前的 1 万元，让人觉得富有、心里踏实。

道理就不深究了，本节只是挖掘一下历史的记忆以及感觉。

虽然上面述说得随意，甚至模糊，但已经讲明白了。

如果需要，还可以追加一个提问，如果一个人一辈子拼命讨生活，挣钱，省吃俭用，临老退休时，比如59岁时，突然发现，现如今一年可以挣到过去辛辛苦苦一辈子积攒的钱。他会有什么样的人生体悟？

这个提问，正在成为现实。现实并不滑稽，滑稽的是，我们对现实的感悟。

假定我们对社会、对人生持乐观态度。我们会认为，现代社会真的发达了，一年能挣过去一辈子的钱。由此产生以下几个问题。

一、回想过去，一辈子拼命挣钱，省吃俭用，还有意义吗？如果我们足够理智，很清醒地想一下这个问题，就会觉得人生很滑稽，是否悲喜交集？

二、家庭银行账户上不断增长的数字，以及用货币衡量的房产等财富的不断增长，由此带来的是货币幻觉、财富幻觉，还是别的什么？你觉得你是否越来越有钱了？数字上的答案是肯定的。你觉得你是否越来越富足了？对这个问题，相信很多人会认真想一想。

三、货币幻觉、财富幻觉，早晚要破灭。说极端一些，到那时，即便家庭账户上有上亿元的存款，也是枉然。历史上和当代，货币现钞面值以数百万甚至上亿计的，有很多例子。

近几十年来，我们是幸运的，伴随货币贬值的是高速的经济增长。虽然货币单位购买力在下降，但从绝对值上看，人们拥有的财富，哪怕是扣掉房地产，也要比几十年前多，生活水平也有了很大程度的提升。相对于世界上那些只有货币贬值而没有经济增长的国家，我们的确是幸运的。

20世纪六七十年代生人，是中国有史以来最幸福的群体，见证了中国历史上从来没有过的物质盛世。要知道，所谓的康乾盛世，顶多就是没有大面积饿死人而已（功劳还应该记在玉米、土豆引入中国，农业产出大幅增长上面）。

为什么货币贬值是一个长期现象？这里讲三个原因。一是政府发行货币，政府难免不会因为财政原因，多发行一些，日积月累，也是不小的数字。况且财政透支这些欠账，往往是不会还的，只能形成货币存量，越积越多。二是银行这类金融机构，它的特性就是要维持正的现金流，这往往伴随其规模的只增不减。如果哪个银行规模突然变小了，恐怕意味着它有大事要发生或者已经发生了。银行货币是银行的负债，银行资产负债规模只增不减，相对应的就是流通中的货币量只增不减。三是经济增长过程中，投资的边际收益（效率）也会呈逐年下降趋势，要维持经济增长，投资量需要逐年加大，这也要求货币资金的供给逐年上一个新台阶。所以说，货币量逐年增长是一个正常的现象。相应地，由于边际递减规律，社会产出的效率低于货币供给增长速度是正常现象，这一现象反映在货币币值上，就是物价逐年上涨。

那些管理货币流通比较好的国家，货币贬值的速度会慢一些；而那些正处于经济增长正向周期的国家，人们对货币贬值的感受会好一些。最常见的是，伴随货币的贬值，社会贫富差距也会逐渐扩大，这也是规律使然。

事实上，滥发货币已经成为一个全球性的问题。2020 年全球央行的总资产，在基础货币意义上是总债务，为 2000 年的 22 倍、2008 年的 8.25 倍。这些年多发行了多少货币，这组数字，应当是最有说服力的了。

所以说，钱，只有花了，才能体现出价值。

不要没有目的地积攒存款货币。在货币贬值的趋势下，存款就是在向债务人悄悄地让渡你的劳动成果。

这也是货币常识。

第五章 | **货币的未来**

主权货币：货币演化的一个环节

主权货币是否也将和历史上曾经存在的实物货币和金属货币一样，完成其历史使命，最终被非主权货币所取代？我们换一个角度，再谈谈当今的货币。

当然，政府始终都是那个最厉害的角色。

希克斯在《经济史理论》中谈道，市场经济的演化，自始至终都离不开国家的介入。穆勒在《政治经济学原理及其在社会哲学上的若干应用》中也谈道，尽管它不能决定制度将如何起作用，但是，政府有权决定什么样的制度将会存在。当然，货币制度也应如此。货币史的演化轨迹说明，政府而不是其他组织，决定了一个什么样的货币制度将会存在。

货币史上，深深地打着人类文明的烙印，其中最多的是政府的印记。在货币的演进历史上，货币从来都是与权力联系在一起的。只不过，货币权力的来源，有时是神权，有时是物权，有时是世俗政权，或者兼而有之。货币史上，货币信用的来源与物（黄金）脱钩，纯粹来源于法律或者政府的信誉，至今大概 50 年的光景（1971 年 8 月 15 日美元与黄金脱钩）。

与黄金脱钩以后的货币有一个近乎神圣的名字：主权货币。与黄金脱钩以后，货币购买力主要靠国家的信誉来维系，主权货币与一个国家的形象紧紧地联系在一起。国家稳定，主权货币稳定。甚至一国政权多次更迭、政府多次换人，只要国家还在，它的货币还是那个货币。

但是，主权货币并非人类社会不可逾越的障碍。那些货币依附于政府、依附于法定的看法，只是人脑中顽固的偏见。我们借助于货币史的常识，来讨论这一问题。

货币的出现早于市场的形成。越来越多的历史文献、考古发现和社会学、人类学的研究成果，支持货币起源于宗教信仰以及由此而来的文化习惯。货币史上，世界上各民族，多有使用贝币的记录。有人作这样的解释，贝壳外形类似女子外阴，象征生命源泉，贝被赋予的超自然意义（诞生、复活与再生），成为普遍可接受的财富符号。世界上早期通行的货币还有黄金，黄金散发着太阳般的光芒，被巫师视为人与上天沟通的信物。人类社会早期不约而同地赋予贝壳、黄金这些日常生活无用之物以价值，反映了人类对生命丰饶的精神追求，人们相信货币是带着神的旨意来到世俗社会的。

不知从何时开始，世俗政权开始涉足货币事务。我们看到的绝大多数货币考古证据，都留有王权的印记。在中国货币史上，铜铸币通行了3000多年。到清朝末年，才开始铸造银圆。政府主导货币事务，主要是基于两个方面的考虑。一是货币是物质世界的秩序，政府作为社会与市场的管理者，有责任有义务管理货币流通。换句话说，货币作为政权的组成部分不是从现代主权货币时开始的，而是从古代政府垄断货币事务时就开始了。二是掌管货币发行权，有利可寻，政府可以攫取铸币税。

在长达数千年的货币流通史上，金属都是货币流通之物或者锚定物。虽然政府在货币流通中起着主要作用，但政府在决定货币流通时，不得不考虑两个因素。一是铸币足值流通的问题。不足值的货币流通，虽然不一定会引发物价上涨（大多数情况下会引发），但人们还是会用脚投票，事实上限制了不足值货币流通的空间和使用的范围。二是金属货币自身的问题。金属为币，克服不了一个内在的缺陷。当金属作为商品的价值高于其作为货币的价值时，民间就会熔解金属制售商品牟利，如北宋的钱荒；当金属作为商品的价值小于其作为货币的价值时，民间就会盗铸成风。所以说，虽然在长达数千年的时期内，政府管理金属货币流通，在名义上掌握着货币铸造的权力，但实际上这种权力是不充分的，因为政府不得不考虑市场的反应。

货币金属在人类历史上的贡献，就是以有限之物约束无限之欲望，用金属量来制约政府扩张货币供给量的行为，在政府行为缺乏有效约束的漫长时期，提供了一个稳定的货币流通环境。人类社会幸存到现在，确实有很多神奇的平衡。

英国工业革命之后，西方世界的货币演进逐渐独占世界货币史的上风。最具代表性的货币演进事件，一是金本位，

第五章　货币的未来

233

二是银行货币。当银行货币与其锚定的货币金属脱钩以后，就被称为主权货币了。可以这样讲，主权货币在货币形式上，就是银行货币（严格讲是中央银行货币，即现金）。起先银行货币是与黄金挂钩的，每一元银行货币都有含金量。当货币与黄金脱钩以后，货币的稳定性单纯地与国家信誉联系在一起。特别是在国际金融市场上，人们往往把货币与其发行国联系在一起，一国货币往往被视为主权货币。当然，流通中货币的形态还是银行存款的形式。

银行货币（记账货币）取代金属货币成为通货，使货币摆脱物的桎梏，建立起富有弹性的货币供给制度，是革命性的一步。银行货币制度的核心是中央银行制度。中央银行是政府的银行、发行的银行和银行的银行，这一切的来源是政府的授权和支持。亚当·斯密在《国富论》中写道："英国政府稳定，英格兰银行亦随之稳定。"从英格兰银行发展史可以看出，正是成为政府的银行后，它才得以成为发行的银行。并在各种特权的支持下发展壮大，成为银行业的龙头老大，逐渐集中管理银行金银储备，成为清算中心、最后贷款人，银行的银行。进入 20 世纪以后，各国纷纷建立自己的中央银行，政府通过中央银行制度控制了货币发行权。

早期各国中央银行发行货币，都有发行准备，且大多与黄金挂钩。"二战"临近结束时，为了建立国际金融秩序，1944 年的布雷顿森林会议建立了美元与黄金挂钩、各国货币与美元挂钩的体系。后来，在美元危机频频爆发的情况下，美国已经无力维持美元与黄金挂钩，1971 年 8 月 15 日，尼克松总统宣布美元与黄金脱钩。至此，各国的货币，纯粹靠法律保护和政府信誉来维系。

货币史上的经验是，货币彻底摆脱实物，成为主权货币，是政府面对现实问题时被动的、不得已的反应。在主权货币流通条件下，对政府货币发行权力的约束有三种可能：一是币值稳定的压力，二是由选举带来的政治压力；三是知识的传播、公众的合理预期使政府的通货膨胀行为失效。主权货币流通的稳定从根源上更多地依赖于社会发展和政治进步。但是，这个判断是否能够经得起历史的检验，还需要观察。

货币是价格标准和支付工具的统一。千百年来，货币的名称和外在形式虽历经千变万化，但其内在的象征价值，从来没有变化过。人类文明的进步，推动整个社会的权力结构不断转变。相应地，货币内在的象征价值的来源，也最终转移到政府身上。中央银行、商业银行和种类多样的金融机构，就是主权货币制度的标配。各种金融监管本质上是要维持主权货币流通的秩序。到目前为止，政府仍旧是货币演进史上最为重要的角色。

事实并非代表了唯一的可能性。还有一些恶性通货膨胀的案例告诉我们，政府权力也并非货币权力的可靠来源，尽管它大多数时间都可靠。

货币史的演进不仅仅着眼于货币本身的权力来源，货币形式也是一个需要考虑的因素。因为货币在流通中被普遍使用后，社会（市场）将筛选适宜的货币。实物为币时，其货币性与商品性之间存在竞争关系（如盗铸与销熔）。理想的货币形式，应当是较多货币性（如可携带、耐磨损、同质、可分割等）和较少商品性（实用）的物。最终，只有那种除了作为货币之外再也没有别的什么用处的东西，才是最理想的货币。在这方面，金银优于普通商品，纸币优于金银，记账符号优于纸币。李嘉图早在300年前就认为，当通货全部都是纸币时它就处于最完全的状态。从这个意义上看，当今呼之欲出的数字货币，优于记账符号。有人甚至宣称，相比数字货币未来实现的点对点完成支付，记账符号通过支付系统转账清算太复杂了。

货币并不神秘。大概是国情的原因，中国人对铸币税存在根深蒂固的误解。有人常说铸币税如何如何，好像各国政府垄断货币发行是为了攫取铸币税。其实，铸币税不是一国政府维持其货币制度的理由，相信没有一个现代国家是为了攫取铸币税而建立货币制度的。因为一国政府维持主权货币制度，在经济利益上是得是失还很难说。实践中有不少国家选择固定汇率制，长期锚定美元，这种做法事实上就是将维持货币制度稳定的责任交给了美国。劳伦斯·H.怀特在《货币制度理论》中研究过，从使用货币的成本收益角度讲，如果年通货膨胀率大于4%，主权货币就不值得拥有。因此，币值稳定才是各国中央银行的主要政策目标。我们知道，币值稳定与攫取铸币税二者之间，不可兼容，政府只能选择一个。与我们日常印象相反的是，一个正常国家维持货币流通，如同供给公共产品一样，不是借此获利，而是要支付巨大成本（稳定与监管成本）的。只有那些不负责任的国家才靠超额发行货币与民争利。所以，既不要高估一国政府维持其主权货币制度的能力，也不要高估一国政府维持其主权货币体系的决心。

货币史上，尽管大多数时间货币都与政府纠缠在一起，但货币真正地摆脱金属，纯粹地与政府联系在一起，还不到100年的时间。我们有理由相信，货币演化不会终结在主权货币这个环节。如同货币史上，在货币购买力的来源上，神权和黄金是一国政府的有力竞争者一样，未来社会，还会有其他形式的竞争者出现。如同主权货币在币值稳定和使用便捷上战胜了黄金一样，未来肯定会有币值更加稳定、使用更为便捷的货币制度和形式战胜主权货币。当然，即便未来主权货币退出历史舞台，也不代表着货币制度的终结，它将是一个崭新的开始。

反观主权货币的主要问题，一是维持这一制度费用高昂；二是币值不易稳定，主权货币制度有着天然的不易解决的伦理问题；三是其使用范围局限于国家之内，有天然的局限。试着猜想一下，当经济全球一体化发展到一定程度，全球经济真正融为一个市场之后，主权货币就会完成它的历史使命。如同地球村首先在互联网上实现一样，全球一个市场也会率先在万物互联的基础上实现。届时，互联网的世界里，将会需要全球通行的货币。按照套利以及节约的原则，未来互联网世界里只会流通一种货币。首先，我们知道它是一种与国家主权无关的货币；其次，我们知道它是一种可以点对点直接完成支付的数字货币；最后，未来的货币将以何种形式出现？我们拭目以待。

数字货币：最终归宿是超主权货币？

货币的数字化是不是数字货币？原先这个答案是明确的。但是，从近期中国央行在这个方面的实践以及主张来看，好像这一问题还没有答案。

当前所谓的数字货币，实质上是将现金数字化，也是货币的数字化。在当今的货币制度框架内，货币可以说是纸币、银行货币、存款货币、信用货币、债务货币，甚至也可以说成电子货币、记账货币等。如果以货币存在的形态（币材）为标准，现代货币的主要形态即存款货币形式，就是以数字形态存在于银行账户上，据此可以称之为数字货币。现代货币的另一种形态——纸币，是以纸为载体的货币现钞。目前的数字货币是将纸制形态的货币即现钞变成数字化的形态。

这样做也可以理解。因为在银行货币（法定货币）制度下，只有现钞不是数字化而是纸制的存在。在不改变货币制度的前提下，可以数字化的，只有现钞。

货币史上，为货币取名字往往依据币材，即制作货币的材料而定。比如金币，就是以黄金为币材的货币，以及还有银币、铜钱、铁钱、锡钱，以及大名鼎鼎的纸币等。在不同的语境下，人们为了省事，将货币划分为实物货币和金属货币。其实金属也是实物，人们为了强调比较规整的、在货币历史上有突出地位的金属币材，才将那些具体的物，比如贝壳、粮食、布帛，甚至是石头、烟草等，与金、银、铜、铁区分开来。这些名字不同的货币，直观上很容易理解。按照这些惯例，当前流通的货币，从其物质形态上看，分为纸钞和银行存款（银行账目上的数字）。以数字化形态存在的银行存款货币，就可以顺理成章地被称为数字货币。

本质上不是这样的，因为存款货币虽然也被称为货币，但它只是商业银行信贷业务创造的派生货币，不是完全意义上的货币。完全意义上的货币是流通中的现钞，存款货币只是一种可以充当支付工具的金融资产。从现钞到银行存款货币，虽然看起来功能相似，且二者在正常情况下可以顺利转换，但它们在严格的意义上有质的区别。所以，存款货币虽然以数字化形态存在，若要称其为数字货币，是不严谨的。所以，将银行存款货币称为数字化的支付工具可能更好一些。严格地讲，银行存款货币只是一种履行支付工具职能的代用货币。

由于在实践中不易区分货币与代用货币，在为货币命名的领域，有时会出现一些小混乱。比如说我们常讲，世界上最早的纸币是宋代的交子。交子虽然是以纸为币材，但最初的交子，与其说是纸制的货币，不如说是一纸凭据更为准确。因为在交子的背后，是其可兑换成铜钱、铁钱的承诺，交子实质上是借助铜钱、铁钱的名义流通的，是铜钱、铁钱的代表，其实质意义是代币，而不是一种独立的货币形态。虽然后来政府接手交子事务后背弃承诺，屡屡贬值且最终不再兑现，但市场也是毫不留情地遗弃了这种代币形式。后来元朝、明朝、清朝也多有纸制代币出现，流通的结果，无非就是交子的重现而已。所以说，如果认真起来，中国历史上的纸制货币，不是真正意义上的独立货币形式（它们附属于且参照金属货币）。说纸制的货币形态最早出现在中国，可能更为准确。

真正的纸币最早出现在西方，是独立于金银等金属货币而存在的、完全靠政府信誉流通的纸制货币。虽然其演变过程也经历了可兑现黄金白银的银行券等纸制货币形式，但最终真正的纸币完成了独立于货币金银而存在的艰巨任务。南京国民政府于 20 世纪 30 年代创制的新的纸币形式，完全是向西方学习的，包括我们当前的人民币纸钞，对接的也是西方的制度传统，与中国古代货币史没有关联。

所以，如果不加以区别，将交子与现代的纸钞等同起来，明显是不严谨的。

当前坊间流传的所谓数字货币，如比特币等数字货币，其本质意义上不是货币。因为支付手段和价格标准这两个货币的基本职能，它们一个都不具备，更不用说支付工具与价格标准合而为一。比特币等不可能成为货币，永远都不可能。国外一些政府机构将比特币等称为数字资产，应是一个准确的称谓。

我们接着来看货币的数字化。

货币的数字化不仅意味着货币以数字形态存在，更意味着以数字形态存在的货币能够便利地流通。可以说，随着社会经济的互联网化，货币的数字化趋势不可逆转。虽然银行间货币资金的划转早就实现了数字化的流转，但那只是金融体系内的事。人们在日常货币支付中对货币支付数字化的体验，是借助移动互联技术的进步，以及建构在这些技术上面的金融支付创新来实现的。

人民币在支付领域的数字化应用，比较成功的是支付宝和微信支付。它们是建立在现有货币银行支付清算架构之上的，一种中心化系统的信息交换。本质上是建立在现有银行支付体系之上的一个支付客户端，为零售用户提供便捷的支付服务。支付宝和微信支付使用的货币是法定货币人民币，其账户中的余额对应着客户在银行账户中的存款货币，它们的底层清算网络是银行间的清算网络。客户表面上的体验是用支付宝或者微信进行货币支付，但底层的清算网络对接的是商家开户银行间的支付清算网络。国际上与其类似的有PayPal、Stripe 和 Square 等。这种支付本质是将法定货币数字化，利用先进的互联网技术改进人们的支付体验。

支付宝和微信支付在推动人民币支付数字化过程中的贡献不可磨灭。据相关数据，在手机银行市场中，2019 年最后一个季度的交易额约为 56 万亿元，其中支付宝占 55%，微信支付占 39%。支付宝和微信支付共同占据 94% 的市场份额，已取得绝对的市场地位。我们知道，支付宝和微信支付本身不是货币，只是货币使用环节上基于互联网生态的一个便利安排。客户使用支付宝和微信支付进行转账的货币还是人民币——数字化的人民币。这种数字化的人民币可否被称为数字货币？显然不可以。因为支付宝和微信本身是利用数字技术使用人民币，完成交易与支付，而不是创造货币，因此根本就牵扯不到数字人民币的问题。

前些年流行的一个说法，"银行不改变，我们就改变银行"，基本上是不切实际的。事实上，这些工具之所以存在并得到较快发展，是因为互联网经济的衍生需求，支付宝等网络支付工具有效弥补了这些市场空隙，便利了市场交易。很明显，这些网络支付工具是附着于银行货币体系之上的。如果没有银行机构提供的存款货币，网络支付就是无源之水、无本之木。如果没有银行的支付清算系统，这些网络支付业务便寸步难行。打个比方，支付宝等网络支付工具是树叶，而银行及其支付清算基础设施是树干和树根。树叶再茂盛、风光，也取代不了树干、树根。

当然，网络支付、移动支付助推了人们的货币支付数字化体验，确实很方便。这些互联网企业，发挥它们的技术特长，利用它们支付场景的便利，利用它们贴近客户和市场的优势，进一步伸长了金融体系服务的触角，细化并占据了支付市场细分领域，有效提升了市场交易效率，给普通消费者带来了极大便利。但是，爆炸式的增长并不意味着网络支付和移动支付可以取代银行。同时，其应用范围、发展规模也受制于银行。银行以及现有货币所受的限制，这些网络支付手段也摆脱不了。这就是其局限性。

法定货币数字化的只是其外表，其内核仍然受制于当今的货币制度和货币体系，仍是法定货币的一部分。

进一步讲，当前的货币体系还远没有到能够自我维系的程度。政府需要一套基础设施来确保货币被广泛接受、交易正常进行、契约得到履行，以及获得参与者的坚定信任。当前数字化形态的货币，不论是央行做的数字化现金，还是商业银行的数字化存款货币，都脱离不了政府信用背书这个基础。债务货币的性质，它们也难以摆脱。所以说，所谓的数字货币，仍然是信用货币数字化进程中的产物，仍然只是人民币的数字化形式。一般而言，它们与以支付宝和微信支付端口呈现出来的数字化人民币存款货币，在支付的体验上没有区别。无论其穿着多么厚的科技外衣，也无论它们有着多么大的噱头。对这些货币而言，国家信誉是终极关键，它们无法脱离国家信誉而存在。

如果将数字货币局限于法定货币的数字化，似有画地为牢之嫌。

会不会有一种生长在网络世界的，与现存的法定货币完全不同的数字化货币？试着想象一下。万物互联的世界需要有一种能够服务其物质交换的统一的货币，第一，这种数字货币将摆脱国家信誉，自己解决币值问题。数字货币在网络上跨国界流通，不会有一个管理全球的政府为其币值提供保证，数字货币必须自己解决普遍信任和币值稳定问题。第二，这种数字货币为点对点即时完成支付，不需要清算。第三，这种数字货币无国别属性，摆脱主权国家的疆域，跨越国界流通。第四，网络世界是透明的，这种数字货币的流通，每个参与者都是监管者，或者说，这种数字货币的流通不需要监管当局。第五，在这种数字货币流通条件下，由于更多的确定性和超级计算能力的支持，有多少交易就会有多少数字货币供给，原理上不会过多，也不会过少。简单地讲，这种数字货币体系将实现脱离政府信誉和相关公共基础设施而自我维系、自我强化，它是一个自我执行的系统。它们生长在互联网上，而不是大地上。当然，这些只是猜想。

为了适应互联网时代的需求，各国央行都在积极推动法定货币的数字化。但是，法定货币数字化有三个不可逾越的障碍。一是法定货币无法或者不易跨越国界流通。因为互联网没有国界，在一个全球万物互联的市场上，理论上只有一个价格标准才是均衡的。从这个意义上，国别数字货币或者法定数字货币是不现实的。二是在万物互联的世界里，货币实现支付以后如果必须经过支付清算中心清算，就需要有一个超级的中心化基础设施为其提供服务。三是法定货币存在币值不稳定问题，当信用波动与实体经济波动不一致时，央行就要下手管理币值（调控货币量）。在一个对币值波动容忍度更低的万物互联的世界里，央行及其调控是不合时宜的。

这三个障碍注定了未来法定货币的数字化，即便做到极致，也无法适应万物互联的需要。

当前，中国人民银行在数字货币研发方面走在了世界的前列。结合我国央行的实践，似乎可以理清一些认识问题。

一是由央行组织发行数字货币是一个正确的方向。组织发行数字货币的机构，至少应该具备两个特征：中心化、非营利性。

先说中心化问题。数字货币从其概念的提出就与去中心化联系在一起，似乎要通过互联网技术推动全世界的金融民主革命似的。我们并不否认去中心化技术有广泛的应用场景。但在人类社会制度层面，要想推动制度安排的去中心化，无疑是痴人说梦。由于中心化是人类文明演化过程中探索出来的节约成本的制度安排，当前几乎所有的制度设施都是中心化的。若要实现去中心化，即人们通常所说的点对点交易、支付，那么在制度和技术上，必须要有更高层级的中心化设施提供支撑。当前的大型平台科技公司实力不可小觑，各国政府大约都已经注意到这一问题，开始有意识地限制、打压它们，防止这些科技公司以去中心化为名，行更高层面的中心化之实。人类文明发展到今天，一直沿着中心化趋势，历史上没有、现在也不可能会出现去中心化的逆流。拿去中心化说事，只能迷惑一时。所以，数字货币也应当沿着中心化、更高层级中心化的思路推进。

再说非营利性问题。如果放任商业机构染指数字货币的供给，金属货币流通史上的混乱状况就会重演。在金属货币流通时期，货币同时具有商品性和货币性，两者必然要发生竞争。当金属的商品性价值大于其货币性价值时，铸币会被销熔为商品；当金属的商品性价值小于其货币性价值时，金属就会盗铸为铸币。商业机构染指数字货币的供给时，对商业利益的追求，会导致它们仿照上述机制，干扰数字货币的稳定。因此，为了保护数字货币的纯粹性，应当由非营利性组织来发行。

在货币金融领域，具有中心化和非营利性特征、最适合发行数字货币的机构，非中央银行莫属。但是，这并不妨碍央行在推广数字货币应用时借助商业机构的场景。支付需要场景，央行和商业银行都没有这样的场景。

二是央行供给的数字货币，当前只能是数字现金形式。在当前的货币金融体制下，中央银行对社会公众（包括企业和个人）供给货币，只能是现金货币。况且，这些现金货币还是通过商业银行流向社会的。因为中央银行的客户不是企业和个人，它不能直接与企业、个人建立业务联系。所以，严格地讲，当前货币金融体制下，中央银行的货币只是现金。顺着这个逻辑，央行要搞数字货币，也只有数字现金这一条途径。

现金是真正的货币，是价格标准和支付工具的统一，是一种金融权利，具有完全的流动性，是整个货币体系的基础。商业银行的存款货币（或者称为债务货币），是建立在现金货币基础之上的。严格地讲，它们是商业银行信用创造出来的货币，是一种可以充当支付工具的金融资产。在当前体制下，由于存款货币可以自由地兑换成现金，人们误以为存款货币与现金等同，这只是错觉。试想，如果发生银行挤兑，大家马上就会明白，现金才是真正的货币，银行存款只不过是披着货币外衣的金融资产。

相应地，数字现金和现钞一样，数字现金不可计息，不可由信用创造产生，也不可创造信用。所以，数字货币只能由中央银行发行，只能是现金的数字形式。可以预期，数字货币被普遍使用以后，它将与现钞共存于流通界。数字现金无法完全取代现钞。纸钞与数字现金相比，首先，纸钞交易具有匿名性，这是数字现金永远无法替代的优势。其次，纸钞具有更强的普适性，比如纸币交易不受停电或者网络中断的影响。再次，民众具有不同的使用习惯。

此外，还需要关注一个基本制度、伦理层面的问题。央行将现金数字化了，数字现金还是现金吗？这不仅仅是一个技术问题，也不仅仅是一个法律和制度问题，它涉及交易习惯和社会伦理等很多方面，是一个值得审视的问题。恐怕法律、金融等基础设施方面还有很多工作要做。

三是数字现金能取代第三方支付吗？

在万物互联的趋势下，各国央行开展的数字货币研究项目，主要是批发型导向的。它们尝试用数字货币替代某些央行比较陈旧的跨银行电子实时支付系统（RTGS），以及各国央行间的支付。实验结果不是很理想，效率相对于传统的RTGS 没有优势。只有在支付基础设施非常差的国家，这种批发导向的数字货币，才有推广的价值。我们知道，中国的现代支付系统以及第三方支付相当发达。从这个角度看不出研发数字货币的理由。

当前来看，中国人民银行推出的 DCEP（Digital Currency Electronic Payment，数字货币和电子支付工具），是零售型的数字人民币。我们从应用的角度，找寻一下研发数字货币的合理性。

数字现金有什么作用？对于欧洲央行和北欧的一些国家而言，央行数字货币主要是替代纸币、防范洗钱犯罪以及节约现金发行流通成本。它们这样做是因为它们缺乏数字化零售支付系统。但是在中国，在第三方支付已经非常发达、现金使用越来越少的情况下，如果说将现金数字化是为了节约现金发行流通成本，似乎不太有力。

有人从货币政策方面讲数字现金的好处。比如说可以设置标签，限制终端去向，优化部分货币政策传导机制。例如数字现金只能进行小额支付，甚至可以限制数字现金只能在某个地区流转，还可以限定支付场景和条件等。再如，假设为了能够使基准利率实时有效传导至贷款利率，央行提供一种基于贷款利率条件的数字货币管理方法和系统，向金融机构发行数字现金（状态信息设置为未生效状态）；金融机构发送数字现金生效请求，获取对应的贷款利率；当贷款利率符合预设的条件时，再将数字现金的状态信息设置为生效状态。如此可以确保利率政策的传导。如果想这样，在银行存款货币转账支付若干环节也可以设置条件做到，没有必要专门通过数字现金。

有人宣称 DCEP 有利于人民币流通和人民币国际化，更是一厢情愿的想法。人民币国际化的障碍，根本不是跨境支付系统，而是境外投资者持有人民币的意愿，以及我们自己的外汇管理。境外投资者持有人民币的意愿，与 DCEP 无关。至于外汇管理，在 DCEP 上则是"双刃剑"，如果中国人民银行想依靠数字货币实现中国央行的 DCEP 在世界上自由流通，那就意味着我们自己放弃了资本管制。不过在推动人民币国际化这个方面，数字货币也不是绝对没有帮助，如果 DCEP 能够跨越国境流通使用，就像当前微信支付和支付宝在国外一些商场可以使用一样，对人民币国际化至少能够营造积极的氛围。

当前来看，无论从技术能力还是投入上看，央行如果要在全国维持一个公益性的 DCEP 系统，经济和效率上都不合算。假设不考虑经济和技术因素，相关部门也可以强推数字现金的应用。

当然，数字现金的普遍应用，主要就是在支付领域，它们与第三方支付存在竞争关系。进一步展望，由于数字现金不计息、不收手续费等，它（不考虑技术问题）能够受到商家欢迎。但是，数字现金能够取代第三方支付吗？如果商家能够通过借贷从银行取得数字货币，数字货币就有可能取代第三方支付。如果商家不能通过银行借贷渠道取得，数字货币就无法取代第三方支付。

为什么这样说？因为如果数字现金的供给不与银行信用、商业信用紧密地联系起来，数字货币就会缺乏必要的弹性。在数量上和结构上，数字货币的供给都会面临一些比较尴尬的问题。在数量上，信用与经济互为表里、起伏同步，如果数字货币供给不与信用紧密地联系起来，数字货币的供给将很难与市场交易对支付手段的需求相一致、相协调。在结构上，由于数字货币不能通过商业银行中介进行借贷，现实中就会存在有数字货币者不需要用它，需要用它的却没有数字现金的局面。不能有效与银行信用、商业信用联系起来的数字货币，在数量和结构上的问题，决定了它不能独撑大局，无法取代第三方支付。

接着一个问题，在当前的货币金融体制下，为什么不设计出让商家通过商业银行或者中央银行的信贷系统获取数字现金的制度？因为这样做，很有可能会挑战当前的货币供给双层体制，给商业银行系统带来灾难性的影响。如果可以通过商业银行或者中央银行的信贷系统向商家直接投放数字现金，数字现金就很有可能会挤兑商业银行的存款货币。银行挤兑，业内人士闻之色变。有人讲，如果将商业银行的存款货币都替换成央行的数字现金呢？回答是肯定不行的。因为这样的货币金融系统是一个僵化的、完全根据计划安排的货币供给体系，它不可能适应当前社会经济发展的需要。再者，从激励结构上讲，如此一来，商业银行不是变成社会公益机构了吗？金融体系的激励机制、金融服务的效率和可持续性，谁来保证？所以说，如果不改变当前的货币金融体制，商家就不可能通过银行借贷渠道取得数字货币。因此，希望缺乏供给弹性的数字货币取代第三方支付，道路漫长、深远。当前货币金融体制下，几乎不可能。

四是数字货币的最终归宿，极有可能是超主权货币。当前看来，任何站在一国的立场上言说数字货币，都难以避免、难以解决体制难题和逻辑悖论。只有到超主权货币出现，即全球范围内流通一种货币，全球只有一个中央银行；或者说有一个真正的全球中央银行，全球在货币流通领域，实现了更高层级的中心化，数字货币才会功德圆满。关于超主权货币，近百年来，人类从未停止探索的步伐。凯恩斯于20世纪40年代就提出过类似设想，后来的布雷顿森林体系也有一些苗头，IMF于1969年设立的特别提款权，后来的欧元，周小川于2009年提出超主权储备货币，中国央行积极推进数字货币的研发，都非偶然。

货币的未来：收敛还是发散？

货币是信仰之物，如今它已经深深地植根于世俗社会。人们相信货币、接受货币、持有货币，是因为货币能够换来他们想要的东西。

在人类文明史上，没有什么比交换更重要。因为没有大规模的交换，就没有人类社会。道理其实很简单，对一个人来讲，维持生存和生活的东西，不可能都要自己生产。笔者前段时间参观殷墟，听导游介绍，用现代的技术手段溯源发现，公元前二三千年前，商朝人用来卜卦的龟甲，有的是从马来西亚进口的。想想当时的远途运输条件，着实令人吃惊。《周易》中也有远古时期人类长途跋涉进行交易的记录。交换当然通过货币成交。所以，货币是人类文明的支柱，最伟大的发明之一，伴随人类文明一直演进到今天。

历史上充当货币的物，千奇百怪。从古至今，货币形态基本上呈现收敛状态。从千千万万种物品，收敛到一张纸、一个记账符号上。久而久之，习惯上人们心目中的货币就是法定货币。一个更普遍性的认识是，只有法定货币才有资格被称为货币。货币演化至今，与政府和法律紧密地联系在一起。好像没有政府的权威和法律的保障，货币就不能成为货币。

　　这种说法和认识，遗漏了一些重要的信息。并非在所有的场合、所有的情况下，货币都是最具交换能力的物品。即便在现代社会，除了法定货币之外，还有一些物品，偶然地充当交换媒介。不可否认，在某些特定场合，一些物品比法定货币更具交换能力。事实上，在货币史上，礼物是货币起源之一。只不过在现代社会，只有在特定条件、特定场合下，礼物充当交易媒介。但是，这一事例说明，没有政府的权威和法律的保障，仅仅作为市场习惯，也会有货币的存在。就像远古时期货币的"先祖"一样。

　　从古到今的货币演化，总体上沿着一条单向道：节约交易成本。虽然说货币从其起源上是因为有了价值才进入流通界，但是，进入流通的货币，必须经受现实的检验，货币史上货币形式的演进就是一个大浪淘沙的过程。现在来看，历史上出现的种种货币，是更能便利交易的货币形式，取代在节约交易成本方面处于劣势的货币形式。金属取代实物是一种进步，但实物（含金属）为币，有利的地方是以有限之物约束人们无限的欲望，货币流通相对稳定。缺陷有两个：一是实物本身的商品性与货币性存在竞争关系，这会干扰货币流通的稳定；二是实物货币供给缺乏弹性，当财富快速增长后，实物货币就不够用了。第一个缺陷，是实物货币本身固有的。第二个缺陷，是实物货币在适应经济社会发展变化方面的不足。这两个缺陷的根源在于货币两大基本职能，即价格标准与支付工具之间存在某种程度上的对立。

以纸币或者记账符号为货币的信用货币，显然能克服这两个缺陷。几百年前大卫·李嘉图就曾经断言，当通货全部都是纸币时它就处于最完全的状态。他的真实意思是指，货币的物质属性（对物质的依赖性）越少，就越纯粹。西美尔更是有个著名的论断："货币的量就是货币的质。"货币的物的属性不重要，重要的是货币量的多少。如此推论，相比一张张纸，一串串数字符号的物质属性更少。按照这个逻辑，未来的货币应该是以数字形态存在的货币。

但是，仅有货币的形式，对于我们探寻未来的货币是远远不够的。

交换产生价值。理论上如果人们有交换的需要，假如这种需要实现不了，便意味着潜在的生产能力、潜在的财富无法实现。相关领域人们对美好生活的愿望，就很难实现。交易无法达成，因为交易成本过高。

一般而言，交易成本来自物理世界不易克服的限制，来自未来的不确定性、信息的不对称性、契约的不完备性，以及人的有限理性等。交易中引入货币，通过货币媒介来完成，就是为了应对这些主观和客观的限制。在媒介交易的过程中，货币在很大程度上相当于一个保证。

随着社会分工的细化、交易的深化、社会财富总量的快速增长，人类社会对于货币的质与量的要求也在不断提高。这里有一个关键的逻辑关系需要明确，是社会经济发展对货币进化提出要求，而非货币进化超前、主动推进了社会经济的发展。社会经济是主动的，货币是被动适应的。货币史的经验就是如此，金属对于实物的替代，纸币对于金属的替代，数字形式的债务货币对于现金在使用中的替代等，与人类社会在技术上或者制度上相关问题的解决进程基本一致。

相对于技术，制度是更重要的维度。比如人们有办法从制度上约束统治者欲望，不再需要用有限之物来约束无限的欲望之时，货币形式就摆脱了物的桎梏。这方面，可以提供的反例很多，在那些还没有建立起约束统治阶层的制度体系的国家，通货膨胀就是常态，生活在那些国家的居民，大概还在对金属货币抱有热切的渴望。

人类文明演进，基本上是沿着中心化的趋势行进的。在社会经济领域，与节约交易成本相伴的，是制度安排越来越中心化的趋势。

并不是说，人类社会所有的文明成果，都是绝对正面的。有人将政府视为"不可缺少之恶"，意思是政府的存在，正面的作用大于负面，人类需要政府，同时必须忍受政府带来的问题。有人讲中央银行制度也是"不可缺少之恶"，没有中央银行，信用货币体系就无法运行。但中央银行体制的问题，暴露出来的也越来越多。比如越来越多的债务负担、通货膨胀、货币体系激励结构的扭曲等。看来，像政府、中央银行这些中心化的体制安排，在节约交易成本的同时，也制造了诸多问题，扼制了多种可能。

在人类社会进化过程中，已经摒弃掉许多"不可缺少之恶"，不少旧制度、旧习俗被历史尘封。它们都是在其存在的前提条件改变时或改变以后被摒弃的。按照相同的逻辑，技术进步或者制度完善后，在约束人们非理性行为，改善信息不对称、契约不完备甚至是未来不确定性方面，取得了突破性的进展，交易能够更方便达成之时，货币是否要有进一步的改变？

货币演化的经验告诉我们，只有在现行货币体系崩溃或者行将崩溃之时，才会有可能出现新的货币形式。凭经验观察，货币的未来还很遥远。不过，当今世界各国央行的做法（负利率等），是否正在加速这一进程？

尽管我们无法猜想未来的货币何时到来，但我们能否猜想一下，未来的货币大体上是个什么样子？除了将以数字形态出现之外，未来货币的演化是按照收敛的状态，还是按照发散的状态前行？

首先需要回答的问题是，将来货币的演化，是延续人类有史以来逐渐中心化的趋势，还是摒弃中心化？打个比方，假设在技术上成熟了，如果人们很方便地就能够找到适宜的交易对手，那么集中的市场就没有必要了；如果人们之间相对比较容易取得信任、达成合作愿望，那么相应的市场基础设施也没有必要存在了。

然而，逻辑推理与现实社会并非总能一一对应。否则，随着知识的增长和技术进步，总有一天，人们会克服未来不确定性这个难题。事实上，仅凭直觉我们就知道，未来的确定性可能会日益增加，人类永远无法解决这一问题。因此，去中心化的论调，可能在局部区域的应用上有其合理性，但就人类文明基石这样的问题，要谨慎讨论去中心化。

再者，人类社会的文明史就是一个逐渐中心化的历史。中心化是将这个社会凝聚在一起最可靠、最便利、成本最低廉的手段。我们现在看到的一些去中心化技术应用，比如互联网、区块链等——如果能够看得全面一些，就会发现——它们所谓的去中心化，必然以更高层级、更具统治性的中心化为前提。否则，如何保证去中心化后的秩序？如何提供去中心化的技术支撑？

尽管中心化是不完美的，或多或少地约束了人性。但我们有理由相信，中心化的趋势不会改变，制度演化逐渐收敛的趋势不可改变。应用到货币演化领域，未来的货币极有可能实现周小川行长提出的超主权货币，即全球仅仅流通一种货币。

如果能够这样，相信人类文明的发展将因真正的全球化和地球村的实现，步入一个崭新的境界。

但是，也有不同的说法，20世纪八九十年代，新货币经济学中的一个流派就宣称，未来的市场将是一个高度精密的物物交换体系。如果按照货币进化的逻辑推理，很容易得出这样的一个结论。况且这种说法，与当今数字货币领域宣称的去中心化相互印证。如果他们预测成真，未来万物皆可为货币。

但是，逻辑不是现实的全部。

总结一下。货币的未来，要么万物皆可为货币，要么全球流通一种货币，只有这两种可能。当然，这也是未来货币演化的两个极端。所以，货币的未来是不确定的。笔者认为未来全球仅仅流通一种货币的可能性更大一些。

为什么这样讲？货币是由其自身的职能定义的。价格标准与支付工具统一于货币，而价格标准与支付工具之间的对立，是货币形式演化的内在动力。按照这一分析逻辑，在两大基本职能统一的货币体内，如何调和二者之间的对立与矛盾？当然，二者之间的对立与矛盾，在不同的客观经济社会环境下，表现不同。在客观世界发生变化之后，在万物互联、全球一体的未来，货币形式将如何演化？就像货币史上，为了适应工业革命以来财富的快速增长，货币果断地摆脱金属，向纸币或者银行货币演化。

所谓的新货币经济学派，显然仅仅考虑到了支付工具职能对货币的需要，而忘记了货币还是价格标准。所以，他们对货币的未来展望，大概率是片面的，不符合货币史逻辑。

而未来全球仅仅流通一种货币的展望，显然是更多从价格标准职能角度出发的认知。至于货币在支付工具方面的要求，就看未来能否出现全球性的超级大央行，来服务、调控全球的流动性需要了。笔者相信，这在技术上是可行的。至于制度层面的因素，要看未来人类文明的进步，人类的共同利益能否突破民族国家的樊篱。

希望还是有的。

第六章 | **回到常识**

货币伦理：滥发货币，如同富人抢劫穷人

站在伦理的角度，现代货币体系在公平方面存在一些瑕疵。

一个有力的例证是，央行主动增加货币供给，这是惯常的做法，并不能使所有人受到公平对待。更明确地讲，增加货币发行量，只能惠及经济中的一少部分人，同时还需要减损其他人的福利。打个不恰当的比喻，滥发货币好比富人抢劫穷人，社会贫富分化会更为严重。

这说明，当前的货币体系，存在伦理问题。

或许有人会讲，只要增加货币发行量能够使社会总产出增加，宏观上就是有效率的。的确，追求总体上的、名义上的经济增长率，正是增发货币的理由。实践中，增发货币以刺激经济，也是各国普遍的做法。但是，如果货币伦理问题得不到关注，增发货币带来的社会激励结构扭曲得不到矫正，连续的货币超额供应，最终将导致经济绩效逐年走低，经济危机频繁造访。当前，政府、企业和家庭的债务，每一个单位的新增 GDP 需要的货币投入越来越多。信息革命、技术进步，以及分工的全球化，这些理应为全球带来更快增长的要件，折损于货币伦理带来的激励问题。廉价的信贷供给以及央行在金融稳定的旗号下将部分金融机构的信贷风险社会化，

违背社会公平正义原则，会损伤经济增长潜力，阻碍生产力的发展。

由于不会所有物价同时同幅度上涨，增发货币导致的物价不均衡上涨，其效应会逐渐放大，结果必定是有人受益，有人受损。一般而言，社会上较易获得新发行货币的经济主体会从中获益，因为选择的主动权在他们手中。结果是资源非公平性转移，即资源从弱势群体，通常是固定收入的群体，转移向强势群体，即那些能够第一时间获得新发货币的群体。这一过程将使富者更富，贫者更贫。

货币政策带来的物质结果，不仅是经济总量的变化，还有财富结构的变化。

看一下现代金融学夸耀的金融跨时配置资源的功能。

据说，一个幸福的人生，是一生中收入和消费曲线尽可能地匹配，即需要用钱的时候有钱可用。如果从过去、现在、未来的时间轴上讲，储蓄是一个人放弃了当时的消费，以满足未来更多（更适意）的消费；而借钱是要用未来的收入偿还的，或者说一个人当期更多的消费以未来更少的消费（未来偿还）为代价。对个人来讲，金融通过跨时期配置资源，使人们在生命周期里平滑了收入与消费，需要用钱的时候有钱可用，不需要用钱的时候将钱借给别人用，从而获得更大的效用。金融促进了整个社会福利水平的提高。

但是，现代金融学更多地讲述了金融资源在时间轴上的纵向配置，而没有更多关注到，资源之所以能够在纵向的时间轴上配置，肯定是因为资源可以在时间轴的每个节点即时间点的空间内，在不同的主体之间配置。借用会计上的一个概念，在每一个时间点的空间上，都是"有借必有贷，借贷必相等"。一些人的超前消费，必然以另一些人延迟消费为代价。

在金融跨时间空间配置资源方面，至少有两个问题需要关注。

一是，那些放弃当期消费支出的人，真的心甘情愿吗？要是不知情、被迫的、没办法……他们没有选择的能力，也没有选择的空间和机会，是不是他们的福利水平，在所谓的金融行为刚刚开始时（储蓄时、多印票子时），就已经受到伤害了？

强制储蓄理论论述的就是这个问题。由于工资调整过程相对缓慢，物价上涨可能迫使仅依靠固定货币收入的居民减少实际消费。劳动力工资调整慢于物价上涨速度，导致居民部门实际消费储蓄的时间偏好被迫改变，从而引发劳动力和资本的收入分配效应和资本存量的调整。在物价上涨的总趋势下，劳动者被迫进入"穷者越来越穷"的循环。

二是，在循环往复的周期里，由于货币贬值，储蓄者期末得到偿还的实际购买力，小于期初储蓄时的实际购买力，他是不是受到了另一轮伤害？更有甚者，负债者（即那些前期挤占了本应属于别人支配的资源的那些人）到期还不了钱，怎么办？政府出于金融稳定目的的救助，是否会加剧货币购买力贬值？

在现代社会里，金融是一种权力。只有少数人能够便利地取得这一权力。他们就是那些手中的钱越来越多的人。相应地，大多数人只能自觉不自觉地接受现状。因此，金融手段参与财富活动之中，理论上至少存在两个不平等。

第一个不平等是基于人们自然财富禀赋的不平等。越有钱的人，越容易获得金融资源的配置。因为他们有抵押物，有良好的信用，他们更熟悉金融运作规则。这是市场自身效率导向造成的机会的不平等。

第二个不平等是人为制度安排的不平等。由于身份或性质的差异，不同主体在金融市场上受到不同的对待。比如不同性质的企业，在获取金融资源方面的机会不平等和事实不平等。这是政策或制度造成的结果的不平等。

如果无视这两种不平等，而放纵金融资源的超额供给，事实上就是纵容少数人抢夺多数人的财富或者致富的机会。这里的"少数人"，就是距离货币发行最近的那些人。事实上，这种状况已经受到各国政府广泛关注。当前各国都普遍关注普惠金融和中小企业融资，就是试图对这些不平等做一些矫正。

世界范围内，有三个事实不容回避。

一是现代社会财富的生产、分配与金融活动密不可分，二是全社会货币与金融的盘子越来越大，三是上述两个不平等是普遍性的存在且没有有效改变的迹象。那么，在当前的经济周期内，少数人钱越来越多，多数人钱越来越少。经济发展和财富结构的不平衡，多见扩大，少见改善。

进一步讲，超发货币、显性或者隐性的通货膨胀，会刺激中央政府的膨胀，强化中央集权的能力。通货膨胀将道德风险和不负责任体制化，结果只能靠频繁的经济危机来矫正市场系统。通货膨胀将塑造出一个日益明显的债务型社会，绝大多数人都负债累累，社会因金钱带来的焦虑而越来越物质化。

或许可以说，通货膨胀是人类的公敌，在当前社会格局下，这是任何国家都无法摆脱的问题。看来上天是公平的，给人世间带来适用的信用货币制度的同时，也留下了不易解决的伦理问题。有人甚至讲，"今天的货币体制源于银行家和政治家长达三百多年的阴谋"。话虽然偏激，也不能说全无道理。

日常生活中的货币：承载着人们对美好生活的向往

货币是物质世界的秩序。人们从内心深处，对货币表达出真正的、深深的敬意，生活中的一切才能越来越好。

货币之所以出现，源于人们对美好生活的向往。

黄金散发出太阳般的光芒，白银散发着月亮般的光芒。黄金、白银被远古时期的人类看作天人沟通的媒介。看看远古时期的神殿吧，无一不是黄金、白银堆积的地方。

黄金、白银因人类信仰而具有价值。当这些供奉上天之物，回到俗世时，它们也为人类社会带来了福利。

人类生活因货币而不同。

货币不是罪恶。恰好相反，货币反映了人类对组织、对文化、对和平共存、对生态等的意愿。货币是全社会共同的信仰。

事实上，对每一个人而言，联结其内心与外在世界的，代表其对客观世界反应的，就是货币。人们一生中不断进进出出的货币，构筑了他们对这个世界的了解（行为、地位、价值观）。一言以概之，货币是人际物质交流的媒介，就像语言是人际精神交流的媒介一样。

但这并不代表，货币的一切都是好的。有时货币会蒙蔽人的心灵，但这更多是被货币蒙蔽心灵的那些人的自作自受。

我们将视线拉远一些。如果这个世界分为天堂和地狱，没有市场（交换）的世界就是地狱，懂得彼此成就的人才可以上天堂。

人们之间彼此成就，借助的主要手段就是货币。秘诀是交易，是公平交易，所有参与者都能从中获益的交易。

在交易中，货币就是一种承诺，可以兑现的承诺。人们经由货币，得到他们想要的东西，或者直接得到货币，以待将来所需。

所以说，货币是人类社会相互依存的一种象征，代表着人类社会共守的一纸合约。撕毁这份合约的，无一不是地狱里的恶魔，无论他们有多么高尚的理由。

从哪里来，到哪里去？这是你面对手中的货币时，需要回答的问题。

否则，对不可知寄予信任，是极端危险的做法。

原则上，你手中的每一分钱，都应该来自符合市场原则的交易活动。交易创造财富。进入交易时，你要非常小心谨慎。因为一旦进入这场景，个人不再完全独立，必须将交易伙伴和相关方纳入现实考量。

一个不违背市场原则的交易，应当在交易能够给双方带来尽可能多收益的情况下，尽量压低由此带来的浪费和滋扰，即交易活动不应损伤第三方和其他相关方的利益。这样，按照公平交易原则，你的每一分钱，都应是你亲手创造的价值增值的一部分。口袋中除此之外的货币，都带有不祥的印记。

但是，货币仍然可能会被误用，诱因是人们的无限欲望。

有一个寓言，说蚂蚁只需要两粒麦子就可以过冬，但蚂蚁却不停地劳作，积累了一大堆粮食。这与古巴比伦造通天塔而最终毁灭的例子，是同一个道理。错误在于，不能将社会经济活动本身转化为最终目标。美好生活，才是人类活动的终极目标。

熊彼特讲过："金钱的增加，的确是成功非常准确的体现。"人们习惯于活在社会的表面、随波逐流，在对金钱的追求上表现得贪得无厌。

冷静地看，对个人而言，过度追求财富，会造成时间的双重损失：挣花不完的、多余货币的时间损失，以及管理这些多余货币的时间损失。

明智的做法是，一旦物质生活可以满足，我们就应该投入更多的时间用于学习与研究。学习与研究的价值使我们在明断事实的过程中更具人性，使我们更懂得同情他人，更能透过自己的本性了解他人，从而使有限的人生更加美好。从货币和财富中获得内心平和的人，才是真正的富人。

进一步讲，由于未来是不确定的，未来不确定性会给人们带来不安全感。货币（财产）就是人们应对这种不安全感的物质结果。社会上绝大多数人，都要自我照料俗世生活，他们离不开货币。所以，拥有货币，是为了应对未来不确定性带来的不安全感。如果拥有货币会导致不安全感增强，这样的货币就不应该拥有。如果放弃货币能够带来确定性和安全感，那就是值得的。

让货币服务于你的需要，而不是让你自己服务于货币的需要。

在货币最有价值、最能给我们带来快乐之际，放弃（花费）它。挣钱是本领，花钱是艺术。懂得何时放弃（花费），不早一分，不迟一秒，是神圣的艺术。

看懂了如下故事的人，他手中的货币，才是美好生活的帮衬。

一次，隔壁老王想拿钱给一个乞丐。一摸口袋，空空如也。他急忙回到家中，看到妻子的戒指，便拿出来送给乞丐。不一会儿，妻子回来了，发现戒指不见了。听到老王的解释后，她急忙让老王去找乞丐，因为这个戒指值上万元钱。老王好不容易追上那个乞丐，他抓住乞丐，气喘吁吁地说："我刚刚知道，送给你的那个戒指，要值上万元钱。小心别上当，要是有人想用低于一万元的价钱换你这个戒指，千万别答应他。"

很多人都会认为这个故事太过荒诞。因为人们习惯于将心比心，他们体察不到那些高尚的心灵。

其实，在我们生活的物质世界这个空间之外，还并行一个精神空间。我们面对货币，不仅要学会如何与他人交换，还要懂得在自己的这两个空间进行市场交换。如此，我们才能更好地驾驭货币，生活才会更加美好。

货币起源于人类的精神世界（古老的信仰），通行于人类的物质世界。如果货币有机会再从物质世界回归到精神世界，就会完成一个完美的轮回。在这种情况下，货币才是人见人爱、能够给持有者带来好运的好东西。只有懂得这个道理的人，才能完美地驾驭货币，成就幸福人生。

回到精神世界的货币：散发着迷人的气质

货币起源于人类的精神世界，又走进物质世界。所以，一个完美的轮回是，货币从物质世界重新回到精神世界。

历史上和现实中，人们贬损货币者多，褒扬货币者少。其实，刀，还是那把刀。在外科医生手里，是治病救人的工具。在厨师手里，是满足口腹之欲的利器。但在拦路抢劫者的手里，是杀人越货的凶器。如果有问题，问题不在刀，在人。

货币也是一样。

世上的东西，都带着出生时的气息。比如人，基因在生物生长过程中，起着不可替代的作用。其他人为的、人使用的东西，自然也在与人发生联系的那一时刻起，就被赋予了无法磨灭的记忆。

货币也是一样。

货币起源于人们向神灵供奉的祭品。据说，因为自然界中的黄金散发着太阳般的光芒，白银闪耀着月亮般的清光，贝壳是旺盛生命力的象征……远古时期的人类，需要与太阳、月亮等神灵沟通，需要旺盛的生命力相伴。他们就把黄金、白银等物品（信物）找来，供奉给上神，祈求神灵护佑（想想古代神庙为什么都是黄金白银堆积之地）。于是，这些物便拥有了价值，由其象征意义带来的价值。货币从其诞生之时，便来源于人类的精神世界，是满足人类精神需求的某种价值代表。开始的时候，货币因其有价值而进入流通。

后来人类社会文明进化，由神权到君权再到现代民主政体，货币本身象征价值的来源，也从人们普遍的神秘信仰，转移到政府提供的信用承诺之上。货币实质上就是一个信物，是一种能力（财富或丰饶生命力）的代表，浑身洋溢着囊括寰宇、无所不能的气息。

货币似乎真的具备这种能力。对弱小的个人而言，更是如此。人们会被货币展现出来的迷人的，甚至是摄人心魂的光芒所迷惑，拜伏于货币脚下。

货币是一个结果。拥有货币是人们从事社会活动的结果，劳动换取的、投资挣来的、别人赠予的等。经由各种渠道，货币来到个人手中。在某种意义上，是这个人在社会上展现其能力的一个结果。挣的钱越多，说明这个人精力外溢的效率越高。而这种精力的起源，只能是个人内心世界旺盛的生命力。

只有内心世界，才是一个人一切真正的来源。希望、失望、欢乐、痛苦、满足……都来自人的内心世界。外在之物只是媒介或渠道，没有一个强大的、丰富的内心世界，哪怕一个世俗的皇帝，也是一具行尸走肉。

万物皆有灵，人当然也有自己的灵魂。然而，很多人忽视自己的灵魂，将外在之物的纷繁复杂带进自己的内心世界，进行日复一日的斗争。这种斗争虽然痛苦却也有益，它有利于人们更好地了解自己以及寻求更适合自己的生活方式。有些人大概天生就知道自己的灵魂所在，有些人经过世事磨炼方可发现自己的灵魂。不论如何，自我的发现，或者说灵魂的发现，对人生来说都是极为幸运的。否则，时隐时现的痛苦将终身相随。

只有内心，才是人生丰饶的来源。不仅如此，一切都在你的心里。货币和财富只是重要的媒介。货币迷人的气质，增进人类幸福、丰富人生的途径，就在于帮助内心，实现在物质世界和精神世界之间的良性循环。在生生不息的和谐中，实现内心世界的丰富和人生的丰饶多彩。

货币也是一个开始。从动机上讲，人们渴望拥有货币，主要有三个方面的原因。一是金钱帮助人们拥有对他人的权力。人渴望权力，渴望控制，想方设法拥有金钱就是一个捷径。二是拥有财富会得到别人的尊敬。人们往往把金钱与权力、地位、威望紧密地联系在一起，往往根据他人身上体现出来的金钱符号——服饰、汽车、住房、职业等，来决定与其交往的方式，以他人拥有金钱的多寡作为判断其社会地位的标准。这刺激着人们去寻觅更多的金钱，哪怕事实上他们不需要那么多。三是拥有金钱可以帮助人们摆脱食物、住房和健康等物质方面的烦恼，从而使人拥有更多独立选择的自由。

社会大众有充足的理由将货币作为目的。几乎在所有的社会经济活动中，货币都是计量的标准和最后的结果。这是社会依靠人性纽带将大众组织起来的不得已的办法。对个人来讲，物质世界和精神世界、肉身与灵魂，无法分割开来。所以，在以货币为目的和以人生的快乐意义为目的之间，人们有时会迷惑、分不清楚。对于一个人来讲，如果将货币作为最终目的，是非常危险的。因为一仆不能事二主，人们在把财富作为目的，和将自己内心世界作为目的之间，必须选择一个，也只能选择一个。否则，这个仆人会憎恶其中的一个而爱另一个，或者他会对一个忠心耿耿而蔑视另一个。如果长期犹豫，徘徊于外在的财富与丰富的内心世界之间，内心的煎熬将耗费掉大部分的生命力。可惜的是，人们大都是短视的，他们只能看见眼前的"钦差大臣"（货币）而不知道"皇帝本尊"（内心世界）。结果就是，很多人在社会上横刀立马、纵横驰骋，但在夜深人静时，无法寻找和深入自己的内心。将货币视为目的使他们找不到精神家园，终生漂浮在物欲之海。

在最后的晚餐中，耶稣送给他的门徒们面包："拿着它，吃了它，这是我的肉体。"耶稣送给他们酒："这是我盟誓的鲜血，它为了宽恕许多人的罪恶喷涌出来。"门徒们分享了面包和酒。这样，一顿普通的晚餐就变成一种仪式，平凡的食物一下子就具有了深刻的象征意义，滋养了人们的精神。历史上也有不少类似的例子，比如，当霍去病将皇上赏赐的一坛酒倒进小溪让数千将士同饮时，具有特殊意义的酒一下子就充溢到数千将士的精神领地中。

物质世界和精神世界的区别在于，在物质世界，物是稀缺的。物的所有权是明确的，谁的就是谁的，一个人享用更多就必然意味着另一个人使用较少。而在精神世界中，所有的东西都可以实现共享，一个人精神愉悦并不妨碍其他人获得同样的快乐，甚至还有可能因为大家都很高兴而增进个人的快乐。

货币散发出其迷人的气质，既在于它引导物质世界的秩序，促进物质财富流通上，更在于它引导财物从物质世界走进精神世界。如果货币能够在个人手中，跨越物质世界回到精神世界，就恰好与数千年甚至万年前货币神圣的起源是一致的。从精神世界走进物质世界，再由物质世界回到精神世界，货币实现一个完整的轮回，成就了人类，也成就了其自身。如此循环往复下去，岂不妙哉？

如何使货币散发出迷人的气质？

道理很简单。凡涉及货币的使用时，使付出和得到货币的双方都得到好处。较好的情况是，不仅是物质利益上的好处，还有精神状态上的愉悦。如此，货币就是一个人见人爱的好东西。

不用钱作恶、做令人生厌之事，人就会因钱而伟大。因为此时的货币，在拥有者的身上散发出迷人的气质。如此，我们就可以借助货币的媒介，释放出内心的丰富，而且能够通过这种释放，持续丰富内心世界（这是精神世界的规律），并使所有与我们有关联的人，甚至整个世界，都能从货币的使用中得到好处。

货币真是好东西。让货币来到我们身边或者去往他处时，都带着我们的理解、同情和爱。

参考文献

一 古籍类

1. （汉）班固：《汉书》，颜师古注，中华书局，1962。

2. （汉）桓宽：《盐铁论》，陈桐生译注，中华书局，2015。

3. （汉）司马迁：《史记》，中华书局，1959。

4. （唐）杜佑：《通典》，中华书局，1988。

5. （唐）房玄龄等：《晋书》，中华书局，1974。

6. （宋）陈傅良：《历代兵制》，墨海金壶刊本。

7. （宋）范晔：《后汉书》，李贤等注，中华书局，1965。

8. （宋）李心传：《建炎以来系年要录》，中华书局，1956。

9. （宋）李心传：《建炎以来朝野杂记》，商务印书馆，1936。

10. （宋）李攸：《宋朝事实》，商务印书馆，1935。

11. （宋）李焘：《续资治通鉴长编》，中华书局，1986。

12. （宋）马端临：《文献通考》，中华书局，1986。

13. （宋）欧阳修、宋祁等：《新唐书》，中华书局，1975。

14. （宋）欧阳修：《新五代史》，中华书局，1974。

15.（宋）苏辙:《栾城集》，商务印书馆，1936。

16.（宋）杨冠卿:《客亭类稿》，《钦定四库全书·集部》台湾商务
印书馆影印武英殿本。

17.（宋）岳珂、王铚:《桯史·默记》，黄益元、孔一校点，上海古
籍出版社，2012。

18.（宋）章如愚:《群书考索》，《钦定四库全书·子部》台湾商务
印书馆影印武英殿本。

19.（宋）周行己:《浮沚集》，商务印书馆，1935。

20.（元）脱脱等:《金史》，中华书局，1975。

21.（元）脱脱等:《宋史》，中华书局，1977。

22.（元）吴澄:《吴文正集》，《钦定四库全书·集部》台湾商务印
书馆影印武英殿本。

23.（明）曹学佺:《蜀中广记》，《钦定四库全书·史部》台湾商务
印书馆影印武英殿本。

24.（明）陈子龙等:《皇明经世文编》，中华书局，1962。

25.（明）蒋一葵:《尧山堂外纪》（外一种），中华书局，2019。

26.（明）宋濂:《元史》，中华书局，1976。

27.（清）董诰等:《全唐文》，中华书局，1983。

28.（清）梁章钜:《浪迹丛谈》，大连图书供应社刊行本，1935。

29.（清）盛康:《皇朝经世文续编》，武进盛氏思补楼刊本。

30.（清）孙承泽:《春明梦余录》，古香斋鉴赏袖珍本。

31.（清）王茂荫:《王侍郎奏议》，黄山书社，1991。

32.（清）张廷玉等:《明史》，中华书局，1974。

33.　赵尔巽等:《清史稿》，中华书局，1977。

34.《明史食货志校注》，李洵校注，中华书局，1982。

35. 《明太祖实录》，红格钞本。

36. 《〈钱币刍言〉整理与研究》，王鎏原著，马陵合校注，东华大学出版社，2010。

37. 《清实录》，中华书局影印，1986。

38. 《增广贤文》，张齐明译注，中华书局，2013。

二　专著类

1. 查尔斯·P.金德尔伯格:《疯狂、惊恐和崩溃——金融危机史》，朱隽、叶翔译，中国金融出版社，2007。

2. 查尔斯·P.金德尔伯格:《西欧金融史》，徐子健等译，中国金融出版社，1991。

3. 大卫·李嘉图:《政治经济学及赋税原理》，郭大力、王亚南译，商务印书馆，1976。

4. 费尔南·布罗代尔:《15至18世纪的物质文明、经济和资本主义》(第一卷)，顾良、施康强译，生活·读书·新知三联书店，1992。

5. 哈耶克:《货币的非国家化》，姚中秋译，新星出版社，2007。

6. 黑田明伸:《货币制度的世界史:解读"非对称性"》，何平译，中国人民大学出版社，2007。

7. 胡如雷:《中国封建社会形态研究》，生活·读书·新知三联书店，1979。

8. 加藤繁:《唐宋时代金银之研究》，中华书局，2006。

9. 卡尔·门格尔:《国民经济学原理》，刘絜敖译，上海人民出版社，2001，

10. 凯恩斯:《货币论》，何瑞英译，商务印书馆，1986。

11. 劳伦斯·H.怀特:《货币制度理论》,李扬等译,中国人民大学出版社,2004。

12. 李剑农:《中国古代经济史稿》,武汉大学出版社,2006。

13. 鲁道夫·希法亭:《金融资本》,福民等译,商务印书馆,1994。

14. 马克思:《政治经济学批判》,人民出版社,1976。

15. 马克思:《资本论》(第一卷),人民出版社,1975。

16. 蒙代尔:《蒙代尔经济学文集》,向松祚译,中国金融出版社,2003。

17. 米尔顿·弗里德曼:《货币的祸害:货币史片段》,安佳译,商务印书馆,2006。

18. 彭信威:《中国货币史》,上海人民出版社,2007。

19. 千家驹、郭彦岗:《中国货币演变史》,上海人民出版社,2005。

20. 让·里瓦尔:《银行史》,陈淑仁译,商务印书馆,1997。

21. 思拉恩·埃格特森:《新制度经济学》,商务印书馆,1996。

22. 泰德·克罗福德:《金钱传》,段敏、史育哲译,珠海出版社,1997。

23. 汤普逊:《中世纪经济社会史》,耿淡如译,商务印书馆,1997。

24. 汤因比:《历史研究》,上海人民出版社,1987。

25. 汪圣铎:《两宋货币史》,社会科学文献出版社,2003。

26. 汪圣铎:《宋代财政与商品经济发展》,载《宋史研究论文集》,河南人民出版社,1984。

27. 沃尔特·白芝浩:《伦巴第街——货币市场记述》,沈国华译,上海财经大学出版社,2008。

28. 吴廷璆:《日本史》,南开大学出版社,1994。

29. 西美尔:《货币哲学》,陈戎女译,华夏出版社,2002。

30. 薛论道:《〈林石逸兴〉校注》,云南大学出版社,2011。

31. 亚当·斯密:《国富论》,唐日松等译,华夏出版社,2005。

32. 杨端六:《清代货币金融史稿》,武汉大学出版社,2007。

33. 约翰·F.乔恩:《货币史:从公元 800 年起》,李广乾译,商务印书馆,2002。

34. 约翰·希克斯:《经济史理论》,商务印书馆,1999。

35. 中国人民银行总行参事室金融史料组:《中国近代货币史资料(第一辑)》,中华书局,1964。

36. Davies,G. 1994. *A History of Money: From Ancient Times to the Present Day*. Cardiff: University of Wales Press.

37. Hicks, J. 1977.*Economic Perspectives: Further Essays on Money and Growth*. Oxford University Press.

三 论文类

1. 戴振辉:《五代货币制度》,《食货》(半月刊)第二卷第一期,1935 年 6 月 1 日。

2. 李秉衡:《纸在宋代的特殊用途》,《食货》(半月刊)第五卷第十二期,1937 年 6 月 16 日。

3. 全汉昇:《元代的纸币》,《中研院历史语言研究所集刊》(第一五本),1948。

4. 许树信:《我国古代铜钱与通货膨胀》,《中国钱币》,1984 年第 2 期。

5. Abbot Payson Usher. 1934. "The Origins of Banking: The Primitive Bank of Deposit, 1200-1600, "*The Economic History Review*,Vol.4.

6. Friedman, M. and A. J. Schwartz. 1986. "Has government any role in money? "*Journal of Monetary Economics*,17.

后 记

介绍货币常识，是我多年来的一个想法。大约在 2009 年，在货币史方面，我已经整理出 20 多万字的读书笔记。当时曾装订成册，临时起个"货币史逻辑"的名字，求教于方家。为什么从货币史着手呢？因为常识的必然是真实的，而真实是超越时间的。我们无法超越时间，但是我们可以从有史以来尽可能长的时间维度中，去尝试、去验证、去把握超越时间的真实。然后才有可能，将真实交付给常识。

十余年间，就此话题断断续续修正、更新、增补内容，一直没有舍得丢下。近段时间以来，受数字货币、负利率等货币金融领域热潮催化，整理出这本小册子。一开始是在我个人公众号（"一见 2020"）上发布的。从 2020 年 9 月 8 日开始，一口气写了 20 多篇文章，得到了不少师友的指正。特别感谢张杰老师和李宏瑾博士，他们通览了全书初稿，并提出指导修改意见，为本书增色许多。大家的鼓励和订正，终于使我鼓足勇气，决定正式出版此书。

彭信威在《中国货币史》中讲道，货币制度的善恶成败，要看货币的购买力能否维持，能否使其不致搅扰人民的经济生活。好的货币制度就如同空气一样，人们生活在其中，却感觉不到它的存在。一旦感受到它的存在，必定是出了问题。正常情况下，人们感觉不到货币领域还有那么多可以讨论的事，只有货币流通出了问题，人们的注意力才会集中到货币问题上来。所以说，社会大众热衷于货币问题，并不一定是什么好现象。

学术界、社会上，有人可能并不理解货币而随波逐流，有人可能出于利益偏好选择性地利用货币理论，甚至也有一些人可能出于利益驱动故意为之。当他们仅仅关注那些立刻就能捕捉到的现象，仅仅看到政策直接的、部分的后果，仅仅着眼于政策选择对某一特定利益集团的短期影响时，一些违反常识的谬论就会被抛出，大众难免不会被误导。

我们发现，那些人在向公众兜售他们的谬论时，总是要比一些只知论述真理的经济学家，表现得更出色一些。他们在讲台上蛊惑人心，向人们宣讲带有误导性的论断，总是要比诚实人试图指出其中谬误时，听起来更有道理。此时，如果大家能够在平时多积累一些关于货币的常识，相信那些谬论的不良影响就会减少很多，上当受骗的人也会少很多。

本书既然名为"货币常识"，其与货币金融领域学术研究的种种细节，必有较大不同。现代社会，学术分工日渐细化，不少领域的研究对象，已经到了细致入微的程度。货币金融领域更是如此。对公开出版的学术专著和学术论文，能够仔细阅读者，估计也就几十或数百人。社会大众，是不会去读，也读不懂那些学术文章的。

当今社会，财富管理意识渐渐觉醒，人们急需补充货币金融领域的普及性专业化知识，以增强辨别能力，降低上当受骗的可能。但是，在货币金融知识供给的学术化，与货币金融知识需求的常识化之间，长期存在不尴不尬的缺口。大概不会没有人关注到这个缺口，但若要弥补这个缺口，将货币理论常识化，不是件容易的事儿。出力不讨好，几乎是可以预先给定的结论。

懂得一点点货币学知识，很容易引导人们得出自相矛盾且十分荒谬的结论，而真正理解货币学，则会使人们的思想重新回到常识。笔者不敢自诩真正理解货币学，笔者只是做了一件关于货币常识的阐述性工作。在一个已经有众多出色的经济学家辛勤工作过的领域内写作，阐述、引用、借用他们的观点不可避免。在对这些出色的理论贡献做常识化的解读时，有时未免会有些许偏差或者不严谨的地方，在此表示诚挚的歉意。

通向真理的路，没有尽头。我不敢奢望本书的说法都能得到大家的认可，况且还有很多问题没有说清楚，甚至没有触及。但本书作为探索货币常识的一枚问路石，勇敢地投放出来，如果能够对读者有所启迪，在传播货币常识方面起到些许作用，我就心满意足了。

野人献曝，大概就是笔者当下的心情吧。勇于讲真话、讲实话，是读书人的本分，即使为之背负粗浅狂悖的骂名，也在所不惜。

感谢张杰老师和程炼博士为本书作序，感谢社会科学文献出版社的恽薇、孔庆梅两位女士，她们出色的工作，特别是为每节精心添加的小标题，令本书增色不少。

李义奇

2021 年 3 月 28 日

图书在版编目 (CIP) 数据

货币常识：历史与逻辑 / 李义奇著. -- 北京：社
会科学文献出版社, 2021.8（2021.12重印）
ISBN 978-7-5201-8750-3

Ⅰ.①货⋯ Ⅱ.①李⋯ Ⅲ.①货币-基本知识 Ⅳ.
①F82

中国版本图书馆CIP数据核字（2021）第148254号

货币常识
——历史与逻辑

著　　者 / 李义奇

出 版 人 / 王利民
组稿编辑 / 恽　薇
责任编辑 / 孔庆梅
责任印制 / 王京美

出　　版 / 社会科学文献出版社·经济与管理分社（010）59367226
　　　　　　地址：北京市北三环中路甲29号院华龙大厦　邮编：100029
　　　　　　网址：www.ssap.com.cn
发　　行 / 市场营销中心（010）59367081　59367083
印　　装 / 北京盛通印刷股份有限公司

规　　格 / 开本：880mm×1230mm 1/32
　　　　　　印张：9.625　字数：182千字
版　　次 / 2021年8月第1版　2021年12月第2次印刷
书　　号 / ISBN 978-7-5201-8750-3
定　　价 / 79.00元